O CONTROLE PENAL ADMINISTRATIVO NOS CRIMES CONTRA A ORDEM TRIBUTÁRIA

1272

K39c   Kern, Alexandre
         O controle penal administrativo nos crimes contra a ordem
         tributária / Alexandre Kern. — Porto Alegre: Livraria do Ad-
         vogado, 2002.
         136p.; 16x23cm.

         ISBN 85-7348-242-7

         1. Crimes contra a ordem tributária. 2. Sonegação fiscal.
         3. Direito Penal Tributário. I. Título.

                                             CDU – 336.2.04

         Índices para o catálogo sistemático:

         Crime contra a ordem tributária
         Sonegação fiscal
         Direito Penal Tributário

         (Bibliotecária responsável: Marta Roberto, CRB-10/652)

ALEXANDRE KERN

O CONTROLE PENAL ADMINISTRATIVO
nos crimes contra a ordem tributária

livraria
DO ADVOGADO
editora

Porto Alegre 2002

Capa, projeto gráfico e composição
Livraria do Advogado Editora

Revisão
Rosane Marques Borba

Direitos desta edição reservados por
Livraria do Advogado Ltda.
Rua Riachuelo, 1338
90010-273 Porto Alegre RS
Fone/fax: 0800-51-7522
livraria@doadvogado.com.br
www.doadvogado.com.br

Impresso no Brasil / Printed in Brazil

There is no political solution
To our troubled evolution
Have no faith in constitution
There is no bloody revolution

We are spirits in the material world

Our so-called leaders speak
With words they try to jail you
They subjugate the meek
But it's the rhetoric of failure

We are spirits in the material world

Where does the answer lie?
Living from day to day
If it's something we can't buy
There must be another way

We are spirits in the material world

Spirits in the material world,
Ghost in the Machine, Police, 1981.

Prefácio

Dá-me especial satisfação prefaciar a monografia de Alexandre Kern, com a qual completou os requisitos para a obtenção da láurea acadêmica no curso de Direito da Universidade Federal do Rio Grande do Sul. De um lado, a satisfação pessoal de verificar que minha pesquisa empírica, intitulada "O controle penal nos crimes contra o sistema financeiro nacional", serviu de matriz analítica. A criação de uma metodologia de pesquisa aplicável a outros contextos da (des)criminalização e a provocação do interesse investigativo de outras pessoas são resultados que eu não planejara alcançar. Por isso, constatá-los é especialmente gratificante para quem se dedica à atividade de ensino e pesquisa. De outro lado, emerge a satisfação intelectual de ler um trabalho bem fundamentado, desenvolvido na perspectiva da Criminologia da Reação Social.

No Brasil, a Criminologia Positivista, centrada na busca das causas do crime, continua a orientar as discussões sobre segurança pública, fracassando no objetivo de reduzir o sentimento de impunidade e de insegurança. Esse paradigma criminológico vê o crime e o criminoso como entidades em si, destacadas no contexto social, capazes de serem dominadas ou aniquiladas. Daí o uso corrente de expressões, tais como: combate ao crime, enfrentamento do crime. Entretanto, desde os anos sessenta do século XX, estudos sociológicos e antropológicos mostram que a criminalidade é construída socialmente. Portanto, o eixo da análise deve-se voltar para a análise do funcionamento da sociedade e especialmente do controle social.

Nessa nova perspectiva, o que importa é a criminalização (processo), e não o crime (resultado). Zaffaroni e Pierangeli anotam que a análise do sistema penal e da sua operatividade "põem de manifesto processos de seleção estigmatizantes, corrupção e compartimentalização que denunciam claramente o conteúdo ideológico dos discursos jurídicos e criminológicos tradicionais".

A Criminologia da Reação Social também se constitui num marco teórico muito adequado para a análise do processo de exclusão ou de seleção negativa da maior parte dos comportamentos desviantes que lesam interesses difusos ou coletivos. Nessas hipóteses a pergunta que exsurge com mais freqüência é: como acabar com a impunidade?

Para responder à pergunta, nada melhor do que, em primeiro lugar, buscar entender os mecanismos seletivos do controle penal, que determinam as condutas a serem punidas e as que devem ser excluídas.

Imbuído dessa preocupação, o autor limitou sua pesquisa às condutas definidas como crimes contra a ordem tributária federal.

Os resultados a que chega desmistificam uma vez mais o senso comum de que a impunidade se deve preponderantemente ao mau funcionamento da Polícia, do Ministério Público e do Judiciário, a tríade que representa o sistema penal. Na verdade, a responsabilidade maior pela quantidade e qualidade dos casos que são processados e julgados como crimes contra a ordem tributária federal é da Secretaria da Receita Federal, um órgão que não é visto como integrante do sistema penal. Nos crimes contra o sistema financeiro, cheguei a resultado similar em relação ao Banco Central.

A imprensa valoriza as estatísticas da impunidade também chamada de cifra oculta. A meu ver, o que deveria merecer mais atenção é o papel definitório decisivo exercido por esses órgãos governamentais, que só aparentemente não fazem parte do sistema penal.

O problema não reside em fazer este papel, mas em fazê-lo com discricionariedade muito alargada, sem controle dos órgãos vocaciona-dos especificamente para a aplicação da lei penal.

A Secretaria da Receita Federal e o Banco Central atuam como válvulas de escape. Deixam escapulir do sistema punitivo milhares de condutas típicas, antijurídicas e provavelmente culpáveis. Certamente o sistema não teria condições de apreciar todos os casos e grande parte deles seria também excluída nas instâncias da Polícia, do Ministério Público e do Judiciário. Mas, os critérios da exclusão não são pautados pelos valores da lei penal.

A pesquisa revela um descompasso entre todos esses órgãos. Não creio que seja simplesmente circunstancial ou que possa ser superado com mais recursos humanos e financeiros. Todavia, a superação, se possível, demanda investigações, a exemplo desta, no sentido de desvendar o funcionamento do sistema penal.

Florianópolis, julho de 2002.

Ela Wiecko V. de Castilho

Apresentação

Talvez seja mais adequado iniciar este prefácio apresentando a figura humana do seu autor à comunidade jurídica. Alexandre Kern foi um dos mais brilhantes alunos da cadeira de Direito Penal do Curso de Graduação da Faculdade de Direito da UFRGS. Sempre assíduo às aulas, concentrado no tema que estava sendo exposto em aula, não foi surpresa alguma acompanhar seu êxito acadêmico nas provas a que se submeteu no curso dos quatro semestres acadêmicos, sempre obtendo a nota máxima. Mas sua capacidade não se circunscreve ao Direito Penal. O autor, apesar de jovem, vem exercendo a função de Auditor Fiscal da Receita Federal e Chefe Substituto da Divisão de Fiscalização da Superintendência da Receita Federal no Rio Grande do Sul. Além disso, o presente trabalho *O controle penal administrativo nos crimes contra a ordem tributária*, que tenho a honra de prefaciar, foi apresentado perante banca universitária da nossa Faculdade de Direito, composta pelos ilustres colegas professores Cézar Saldanha Souza Jr., Carlos Freire Hoffmeister e Adão Nascimento Cassiano. Esta conferiu-lhe a "láurea acadêmica", privilégio reservado aos alunos agraciados com conceito *A* em todas as disciplinas jurídicas e que, além disso, se disponham a escrever um trabalho científico e submetê-lo a debate acadêmico.

A investigação acadêmica realizada por Alexandre Kern, sob a orientação da ilustre colega Luiza Helena Malta Moll, examina 447 processos de representação penal fiscal concernentes a presumidos crimes contra a ordem tributária federal através de uma perspectiva criminológica-empírica da mencionada criminalidade limitada geograficamente ao Rio Grande do Sul e cronologicamente ao qüinqüênio 1996-2000, porém confrontando este enfoque com o paradigma normativo. Após descrever a evolução histórica e processo legislativo da Lei nº 8.137/90, examina os tipos penais dos crimes tributários em espécie, algumas questões da teoria do crime, tais como a autoria e participação criminal, as causas extintivas da punibilidade, o arrependimento posterior, as agravantes, a delação premiada e outros problemas vinculados à ação penal. Examina também o relevante papel desempenhado pelas agências de controle social (Polícia, Secretaria da Receita Federal,

Ministério Público e Poder Judiciário) na seleção e definição da criminalidade.

Entre as diversas conclusões extraídas do manejo de dados estatísticos, gráficos e tabelas, conclui o autor que as mencionadas agências atuam desarticuladamente e sem uma política criminal unificada de controle da criminalidade fiscal. Além disso, constata a carência de estatísticas organizadas. Numa linha crítica, indica diversos fatores que - pela falta de critérios transparentes de seleção, aliados a uma deficiente fiscalização, em parte gerada pela formação de seus agentes unicamente voltada à finalidade arrecadadora - asseguram uma ampla esfera de imunidade dos autores desse tipo de criminalidade derivada da relação promíscua com os detentores do poder político e econômico.

Essas conclusões convergem, em parte, com o conteúdo de uma palestra proferida no IV Foro Internacional de Debates Jurídicos, em 1991, quando chamamos a atenção para a genial concepção de *white collar crime*, idealizada por Edwin Sutherland, em 1939. Este eminente sociólogo norte-americano desmitificou as teorias criminológicas tradicionais, que de maneira preconceituosa sustentavam, à época, que o crime era um produto da pobreza, deficiência mental ou psicopatia social. Na verdade, o crime também é cometido por pessoas de "respeitável *status* socioeconômico" no desempenho de sua ocupação. A imunidade às sanções criminais derivava principalmente da capacidade das elites para usar sua posição para evitar a exposição à persecução penal. A criminologia passou, desde então, a reconhecer que o crime do colarinho branco constitui expressão de uma particular estrutura socioeconômica, isto é, de um sistema de relações sociais, cujas características são outorgadas pelo modo de produção e distribuição da riqueza subjacente a todo modelo social. A imunidade concreta dos crimes do colarinho branco não deriva de sua natureza ontológica ou apenas das lacunas legislativas, mas de que as agências de controle social, através de um processo de seleção, vão criando imunidades aos mecanismos de controle, apesar da nocividade social desses atos. Tais razões são diretamente dependentes da vinculação funcional desses delitos com a estrutura geral da sociedade na qual se manifestam (vid. Sanguiné, Odone: "Introdução aos crimes contra o consumidor. Perspectiva criminológica e penal", *in Fasc. de Ciências Penais*, v. 4, nº 2, abr-jun, 1991, *passim*).

Espero que esta apresentação sirva de estímulo à leitura deste trabalho e à realização de outras investigações sobre esta expressiva forma de criminalidade que tanto preocupa a sociedade moderna.

Odone Sanguiné
Professor Adjunto de Direito Penal, Processo Penal
e Criminologia da Faculdade de Direito da UFRGS

Lista de abreviaturas

AFRF	Auditor-Fiscal da Receita Federal
AFTN	Auditor-Fiscal do Tesouro Nacional
CF	Constituição Federal
CP	Código Penal
CTN	Código Tributário Nacional.
FUNDAF	Fundo de Desenvolvimento e Apoio às Atividades de Fiscalização
MP	Ministério Público
PAF	Processo Administrativo Fiscal
PF	Polícia Federal
PRFPFP	Processo de Representação Fiscal Para Fins Penais
RFPFP	Representação Fiscal Para Fins Penais
RIPI	Regulamento do Imposto sobre Produtos Industrializados
RIR	Regulamento do Imposto de Renda
SRF	Secretaria da Receita Federal
SRRF	Superintendência Regional da Receita Federal

Sumário

Tabelas

Gráficos

Introdução

Os escândalos de corrupção política e econômica parecem não ter fim no Brasil. A crise do Estado Social e a desregulamentação da economia liberaram as fronteiras da moralidade, e a corrupção e a delinqüência saíram das bordas obscuras do capitalismo e passaram a articular o seu centro vital.

No mundo das finanças, já que nada pode ser proibido em nome da eficiência do mercado, tudo será, de agora em diante, permitido. É nesse novo quadro geral contemporâneo que o Direito se vê compelido a atuar, em horizontes para os quais nem sempre está preparado.

Diante do delinqüente econômico, o juiz defronta-se com um sujeito que perturba a sua representação clássica do criminoso, dificultando o seu enquadramento como réu. O sistema penal brasileiro repousa na visão iluminista e humanista segundo a qual o criminoso é antes de tudo uma vítima de suas condições de vida. O criminoso econômico, no entanto, não cabe nessa representação. Seu percurso reflete, ao contrário, uma superadaptação e uma naturalidade sociais notáveis. Edwin Sutherland (1940), na obra seminal que cunhou a expressão "crime do colarinho branco", já constatou que, enquanto os delinqüentes comuns reconhecem que são criminosos e são considerados como tal pelo público, os delinqüentes "de colarinho branco" são estimados por todos como homens de bem e honrados.

O tema é de grande atualidade no Brasil, haja vista, sobretudo, a crescente sensação de que reina a impunidade dos agentes da criminalidade econômica e a crença de que os prejuízos que causam jamais serão ressarcidos à coletividade brasileira. Os estudos acadêmicos sobre o assunto não são numerosos e concentram-se, na sua maioria, na análise dos tipos penais consagrados pela legislação especial e no cotejo da jurisprudência.

Uma estimulante exceção é a tese de doutoramento de Ela Wiecko Volkmer de Castilho, apresentada em 1996. Naquele trabalho, foi focalizada a questão fundamental da exclusão desses agentes do universo de criminosos reconhecidos pelo sistema penal, restringindo o estudo a um setor da criminalidade econômica, ou seja, à criminalidade financeira, dentro do marco legal da Lei n° 7.492/96, que ficou conhecida como a "lei dos crimes do colarinho branco". A pesquisa empírica então conduzida acabou por revelar que, na criminalidade financeira, o controle penal caracteriza-se pela exclusão, confirmando o sentimento popular de impunidade. Sugere a Drª Ela que essa conclusão pode ser aplicada a outros setores da criminalidade econômica.

Pois bem: este trabalho propõe-se a aplicar a matriz analítica desenvolvida pela Drª Ela em sua tese a um outro setor da criminalidade econômica: o da criminalidade contra a ordem tributária, dentro do quadro definitório da Lei n° 8.137, de 27/12/1990, conhecida como "lei dos crimes contra a ordem tributária".

O objetivo geral do trabalho foi o de alcançar maior compreensão sobre a forma como se dá a construção da criminalidade econômica e, mais especificamente, aquela contra a ordem tributária, dentro da perspectiva teórica da Criminologia da Reação Social e da Criminologia Radical. A delimitação do tema, imprescindível a qualquer trabalho científico, impôs a limitação do período de tempo investigado aos cinco anos compreendidos entre 01/01/1996 e 31/12/2000. Pela mesma necessidade, restringimos o estudo ao da criminalidade contra a ordem tributária federal praticada no Rio Grande do Sul, que se tem diferenciado dos demais, relativamente ao número de processos penais e de condenações, nessa área, nos últimos anos.

Assim, o objetivo específico de nossa investigação empírica constitui-se no levantamento dos processos de representação fiscal para fins penais formalizados pelos agentes da Secretaria da Receita Federal no Rio Grande do Sul e encaminhadas ao Ministério Público Federal. Todavia, em um ponto não pudemos reproduzir integralmente o modelo de investigação praticado em seu trabalho pela Drª Ela. Em razão da inexistência, no Ministério Público Federal no Rio Grande do Sul, de um controle informatizado do acompanhamento das representações, não foi possível rastreá-las. Dessarte, não foi possível reproduzir o estudo sobre os "tempos de tramitação" empreendido no trabalho-matriz, acompanhando as denúncias oferecidas, e o resultado do processo judiciário que em decorrência se instaurou.

A inexistência desse tipo de controle, que permitisse a manipulação de grande quantidade de dados, de fato corrobora a impressão da autora de que não há, nas instâncias formais de controle, preocupação em organizar informações e produzir estatísticas sobre a criminalidade econômica.[1] Na verdade, também não havia, até bem pouco tempo, na

---

[1] A propósito desse assunto, a edição de 17/02/2002 do jornal Folha de São Paulo apresenta matéria sobre as divergências existentes entre o Banco Central do Brasil e o Ministério Público Federal a respeito das estatísticas sobre a criminalidade contra o sistema financeiro, ratificando a deficiência que detectamos, atestando a inexistência de um sistema unificado de estatísticas que permita um controle das informações recebidas do Banco Central.

Secretaria da Receita Federal, um tal sistema de controle, que cobrisse todo o período investigado (na SRF, só estão armazenadas em sistema informatizado as informações dos processos de representação fiscal para fins penais formalizados a partir de 01/09/1998).

Restou-nos buscar a identificação dos mecanismos de definição e seleção da criminalidade contra a ordem tributária operados exclusivamente no âmbito administrativo (não-judicial), na tentativa de delinar um esboço do perfil socioeconômico (renda média, porte econômico, setor/ramo de atividade, domicílio, condutas mais freqüentemente praticadas, tributos mais sonegados) dos representados.

O trabalho pode ser visualizado em duas partes. A primeira, com dois capítulos, trata de apresentar o referencial teórico. No seu primeiro capítulo, recuperamos o paradigma criminológico da Reação Social e da Criminologia Radical, tal e qual foi feito no trabalho-matriz da Drª. Ela. No capítulo segundo, inovamos. Parece-nos imprescindível que um estudo sobre os mecanismos de definição e seleção se debruce sobre aqueles operados pelo próprio legislador, no exercício daquilo que é chamado de "criminalização primária". Nesse sentido, procedemos a uma revisão bibliográfica sobre a tipologia da Lei nº 8.137/90. Os agentes do processo de criminalização secundária também são apresentados neste capítulo, obviamente, com forte ênfase na Secretaria da Receita Federal.

Na segunda parte do trabalho, apresentamos a investigação empírica propriamente dita, descrevendo a metodologia empregada para analisar a atuação da instância formal de controle penal-administrativo e apresentamos os resultados estatísticos com base no universo de 447 processos de representação fiscal para fins penais formalizados pela Secretaria da Receita Federal por crimes contra a ordem tributária, em tese praticados no período sob análise, no Rio Grande do Sul.

Optou-se por inserir as tabelas, gráfico e relatórios no corpo do trabalho para facilitar sua consulta. Em anexo, apensamos uma descrição das infrações tributárias que se subsumem aos tipos penais e o próprio texto da Lei nº 8.137/90 sancionado pelo Presidente da República.

Os conceitos operacionais necessários à compreensão do trabalho foram incluídos em notas de rodapé.

A referenciação bibliográfica seguiu a norma NBR-6023 da ABNT. Foram relacionadas as obras citadas no texto do trabalho, assim como aquelas que foram consultadas e cuja leitura contribuiu de alguma forma para a elaboração do trabalho.

O autor é grato a Luíza Helena Malta Moll pelas críticas e sugestões oferecidas durante a elaboração deste trabalho. Descecessário dizer, contudo, que as falhas devem ser debitadas exclusivamente ao autor.

1. Paradigmas criminológicos e sua incidência sobre a criminalidade econômica

1.1. O paradigma criminológico

A criminologia contemporânea experimenta uma troca de paradigmas mediante a qual está a se deslocar e transformar de uma ciência que estuda as causas da criminalidade – o paradigma etiológico predominante desde o século XIX – em uma ciência que estuda as condições em que se opera a criminalização – o paradigma da reação social – que se ocupa, especialmente, do controle sociopenal e da análise da estrutura, operacionalidade e reais funções do sistema penal, para culminar na construção da Criminologia Crítica.

1.1.1. O paradigma etiológico e o impulso desestruturador

A Criminologia do final do século XIX referenciava-se no paradigma etiológico, "*...de matriz positivista calcada nas ciências naturais, pretendendo ser uma ciência causal-explicativa da criminalidade*" (Castilho, 1998, p. 23), investigando suas causas segundo o método experimental. A criminalidade era concebida como uma realidade ontológica pré-constituída ao Direito Penal. O Direito Penal Positivo, recebido acriticamente como marco definitório da criminalidade, nada mais fazia do que, à exceção dos chamados delitos artificiais,[1] reconhecer tal realidade e positivá-la.

Para Alessandro Baratta, essa Criminologia etiológica parte do pressuposto de que:

> "...existe um meio natural de comportamentos e indivíduos que possuem uma qualidade que os distingue de todos os outros comportamentos e de todos os outros indivíduos: esse meio natural é a criminalidade. Este modo de considerar a criminalida-

---

[1] Os delitos artificiais estão inseridos naquela pequena parte dos fatos puníveis representados por violações de determinados ordenamentos políticos e econômicos.

de está tão profundamente enraizado no senso comum que uma concepção que dele se afaste corre o risco de, a todo o momento, passar por uma renúncia a combater situações e ações socialmente negativas" (Alessandro Baratta, citado por Andrade, 1997, p. 199).

A tese fundamental da Criminologia etiológica é a de que o delinqüente constitui uma pessoa diferente das normais e que necessita ser ressocializada ou reeducada. Sendo a criminalidade uma entidade ontológica, seria possível descobrir as suas causas. Diferentemente das respostas antropológicas e patológicas oferecidas pela Criminologia Positivista originária, a indagação sobre as causas da criminalidade recebeu, na Europa, em seus desenvolvimentos posteriores, explicações de ordem biologicista, psicológica, psicoanalítica, psiquiátrica e multi-fatoriais,[2] todas elas comprometidas com a ideologia da defesa social.[3]

Se a Criminologia européia tradicional estacou, epistemologica-mente falando, no paradigma etiológico, na América do Norte, ao longo do século XX, desenvolveram-se novas formas de conhecimento criminológico dirigidas a compreender, explicar e atuar sobre os problemas sociais daquela comunidade. Para Muñoz Gonzales (citado por Andrade, 1997, p. 200), esse desenvolvimento fez com que a produção criminológica norte-americana se distanciasse da européia e tomasse a dianteira teórica da disciplina, preparando a revolução do paradigma em Criminologia que viria a ocorrer na década de 60 do século passado.

---

[2] Molina, 1992, p.137-249 apresenta excelente síntese sobre a Criminologia "científica". Menciona, por exemplo, as explicações de ordem biologicista de Bertillon, Göring, Haward Hooton, Sigaud, Pende, Viola, Barbara, Kretschmer, Sheldon, Glueck, J.B. Cortés etc.; de ordem psicológica em Tarde, Eysenck, Trasler e Jeffery; psicoanalítico em Freud, Alexander, Staub, Reik, Aichorn, Adler, Jung e Fromm; psiquiátrico, em Kraepelin, Schneider, Di Tulio, Catalano e Cerquetelli, Kahn, Göppinger etc.; e de natureza multifatorial, em Glueck, Burt, Tappan etc.

[3] Denominação dada por Alessandro Baratta à ideologia dominante não apenas na Ciência Penal e na Criminologia, mas também junto aos cidadãos comuns, concernente à criminalidade e à pena. Segundo ela, o fato punível representa um dano para a sociedade, e o delinqüente é um elemento negativo e disfuncional do sistema social (princípio do mal e do bem); o fato punível é a expressão de uma atitude interior reprovável, porque seu autor atua conscientemente contra valores e normas que existem na sociedade previamente à sua sanção pelo legislador (princípio de culpabilidade); o Estado, como expressão da sociedade, está legitimado para reprimir a criminalidade, da qual são responsáveis determinados indivíduos, através de instâncias oficiais de controle do delito – legislação, polícia, magistratura, instituições penitenciárias (princípio da legitimidade); o Direito Penal é igual para todos, e a reação penal se aplica de igual maneira a todos os autores de delitos (princípio da igualdade); no núcleo das leis penais dos estados civilizados se encontra a ofensa a interesses fundamentais para a existência de toda a sociedade (delitos naturais), interesses comuns a todos os cidadãos (princípio do interesse social e do delito natural); a pena não tem unicamente função retributiva, mas também preventiva, uma justa e adequada contramotivação ao comportamento criminoso (prevenção geral negativa) e ressociali-zadora do delinqüente (prevenção especial positiva) (princípio da prevenção). Esta ideologia mantém-se constante até nossos dias, mesmo depois das alterações ocorridas na dogmática penal, consubstanciando o "mito do Direito Penal igualitário". (ver Andrade, 1997, p. 135-6)

Assiste-se, então, a um processo de desconstrução e de deslegitimação teórica que irá solapar as bases dos modelos penais fundamentais. Stanley Cohen (citado por Andrade, 1997, p. 182) designou tal processo de "impulso desestruturador", descrevendo-o como o "...conjunto de ataques – críticas, demandas, visões, teorias, movimentos de reforma etc. – que constituíram, desde a década de 60 como que a um assalto continuado às próprias fundações (ideológicas e institucionais) do sistema de controle penal da modernidade, cuja hegemonia perdurava há dois séculos".

Esse movimento desestruturador, inserido no contexto da radicalização social, política e cultural que dominou a década de 60 do século passado, principalmente nos Estados Unidos, fez a Criminologia separar-se, metodológica e epistemologicamente, da Criminologia tradicional, de paradigma etiológico-determinista, em que a abordagem da conduta desviada segue um modelo estático e descontínuo, para aderir ao paradigma da reação social, de modelo dinâmico e contínuo. O objeto da investigação criminológica, que antes era o crime, o criminoso e as causas da criminalidade, agora passa a ser o modo pelo qual eles são constituídos na sociedade, isso é, "...os mecanismos sociais e institucionais mediante os quais é construída a realidade social do desvio e pelos quais resultam criadas e aplicadas as definições do desvio e da criminalidade, como também resultam concretizados os processos de criminalização" (Castilho, 1997, p. 25-6). Ou, nas palavras de Dias e Andrade, (1992, p. 43), "em vez de se perguntar por que é que o criminoso comete crimes, passa a indagar-se primacialmente porque é que determinadas pessoas são tratadas como criminosos, quais as consequências desse tratamento e qual a fonte da sua legitimidade".

Para Andrade (1997, p. 203), a introdução das teorias do *labelling approach* no estudo da conduta desviada e da criminalidade representa o momento decisivo desse "impulso desestruturador".

1.1.2. Da teoria do etiquetamento à Criminologia Radical

O *labelling approach*, ou como ficou sendo chamado nos países de língua portuguesa, a teoria do etiquetamento, surge nos Estados Unidos da América ao final da década de 50 e início da década de 60. Considera-se Howard Becker o fundador dessa perspectiva criminológica, através da obra central do *labelling*, *Outsiders* (1963),[4] onde esta nova perspectiva aparece consolidada e sistematizada pela primeira vez. Tem como contexto histórico o da crise do *welfare state* e o das diversas formas de radicalização social, política e cultural que tiveram

---

[4] Em sua segunda edição, o autor acrescentou o ensaio entitulado *Labelling Theory Reconsidered*, no qual precisa o conteúdo e os limites do *labelling*, define sua articulação com a criminologia tradicional e refuta críticas formuladas.

lugar contra esses mesmos Estados, quando instaurou-se definitivamente o conceito de "desvio social" para englobar todas as condutas que não se encaixavam nas definições legais ou psiquiátricas (homossexualidade, drogadição, prostituição, feminismo, movimento *hippie*, movimento negro etc.).

O *labelling approach* parte do princípio de que a conduta desviada não é uma entidade ontológica, mas o resultado de uma reação social, e que o delinqüente se destaca da normalidade pela estigmatização (etiquetamento) que sofre. Justamente aí, no estudo desse processo de interação, ao cabo do qual um indivíduo é rotulado como criminoso, repousa o foco dessa perspectiva criminológica. Se antes era o delinqüente o objeto da criminologia, agora, com o *labelling approach*, o foco passará a ser as instâncias de reação e de controle.

O *labelling* sofreu influência decisiva do interacionismo simbólico,[5] de Charles Cooley e George H. Mead, mantendo com ele muitos pontos de contato: por exemplo, tal como sucede com o interacionismo simbólico, lança mão do modelo e do vocabulário da dramaturgia,[6] utiliza técnicas de investigação próprias da microssociologia, rejeita o pensamento determinista e os modelos estruturais e estáticos no que respeita à abordagem do comportamento e à compreensão da identidade individual (Dias e Andrade, 1992, p.50). Mas o *labelling* também é modelado pela etnometodologia de inspiração sociológica fenomenológica de Alfred Schultz, segundo o qual a sociedade não é um dado que se possa conhecer objetivamente, mas o produto de uma construção social obtida mediante um processo de definição e de tipificação por parte de indivíduos e grupos. Assim, para o interacionismo e a etnometodologia, estudar a conduta desviada significa essencialmente estudar esses processos, partindo dos que são aplicados a simples comportamentos para chegar às construções mais complexas como a própria ordem social (Andrade, 1997, p. 204-5).

A Criminologia interacionista[7] interessa-se em saber como a sociedade reage diante das condutas desviadas tanto criando normas penais, como reprimindo atos puníveis, estigmatizando os delinqüentes (Castro, 1983, p. 61). Para Dias e Andrade (1992, p. 343), toda a investigação interacionista gravita em torno da problematização da

---

[5] O interacionismo simbólico representa uma certa superação da antinomia rígida das concepções antropológicas e sociológicas do comportamento humano. Evidencia que não é possível considerar a natureza humana ou a sociedade como dados estanques ou estruturas imutáveis. O mesmo vale para a identidade pessoal, que deve ser encarada como a resultante de um processo dinâmico de envolvimento, comunicação e interação social (Dias e Andrade, 1992, p. 344-5).

[6] São exemplos desse vocabulário: *self-fulfilling prophecy, moral cruzaders, status-degradation ceremony, role-engulfment,* etc.

[7] Observa-se, na bibliografia consultada, o uso indiscriminado das expressões *labelling approach,* criminologia interacionista e teoria da reação social, todas elas correntemente utilizadas para referenciar esta perspectiva criminológica.

estigmatização, quer como variável endógena (quais os critérios em nome dos quais certas pessoas e só elas são estigmatizadas como delinqüentes), quer como variável independente (quais as conseqüências dessa estigmatização).

A questão da estigmatização, enquanto variável endógena, conduz à problemática da seleção em geral (Dias e Andrade, 1992, p. 343-4). Nas palavras dos autores:

"Em primeiro lugar, [a seleção] dos que operam a nível dos *moral cruzaders*, responsáveis pela criminalização primária e pelo caráter fragmentário do ordenamento jurídico-criminal. (...) Em segundo lugar, dos que presidem à actuação das instâncias, formais ou informais, de aplicação da lei e são responsáveis quer pelas cifras negras e conformação definitiva das simbolizações normativas da lei, quer, e sobretudo, pela estigmatização de determinadas pessoas como delinquentes."

A questão da estigmatização, por sua vez, enquanto variável exógena, conduz ao estudo do impacto do etiquetamento sobre a dinâmica da formação da identidade do delinqüente.

A metodologia do *labelling*, adicionalmente, evidenciou a defasagem quantitativa e qualitativa existente entre a delinqüência potencial e a delinqüência real, pondo em xeque os fundamentos epistemológicos da criminologia tradicional e retirando a dimensão ontológica da idéia de delinqüência.

"(...) alguns homens que se comportam de forma excêntrica são compulsivamente internados em hospitais, outros não; alguns homens que não têm meios aparentes de subsistência são levados perante um tribunal, outro não – e a diferença entre os que recebem um rótulo desviante e os que continuam o seu caminho em paz depende quase exclusivamente do modo como a sociedade separa e cataloga os múltiplos pormenores das condutas a que assiste." (K. Erikson, citado por Dias e Andrade, 1992, p. 346).

Os principais postulados do *labelling approach* são (Molina, 1992, 243-5):

a) interacionismo simbólico e o construtivismo social, segundo os quais a realidade social é construída com base em certas definições e sobre o significado atribuído a elas mediante complexos processos sociais de interação. Por isso, o comportamento humano é inseparável da interação social, e sua interpretação não pode dispensar referida mediação simbólica;

b) aproximação da realidade criminal mediante uma técnica de introspecção "empatizante", para compreendê-la desde o ponto de vista do desviado e assim poder compreender o sentido que ele atribui à conduta;

c) caráter delitivo de uma conduta e de seu autor depende de certos processos sociais de definição, que lhe atribuem tal caráter, e de seleção, que rotulam o autor como delinqüente;

d) a criminalidade é, como conseqüência, derivada (criada) do controle social (e não apenas detectada pelas agências de controle);

e) controle social é altamente seletivo e discriminatório. As chances do indivíduo de ser etiquetado como delinqüente não dependem tanto da conduta executada, senão da posição do indivíduo na pirâmide social;

f) a pena tem um efeito criminógeno, ensejando um círculo vicioso (*self fulfilling prophecy*), em uma escalada iterativa de rituais de cerimônia de degradação do condenado, estigmatizando-o, fazendo com que ele assuma uma nova imagem de si mesmo e redefinindo sua personalidade em torno do papel de desviado (desviação secundária);

g) opção por um paradigma de controle dos processos de definição e de seleção, em substituição ao paradigma etiológico.

Andrade (1997, p. 208) sintetiza os três níveis explicativos do *labelling approach*:

a) um nível orientado para a investigação do processo de definição da conduta desviada, chamado de criminalização primária, correspondente ao processo de legiferação das normas penais, em que se definem os bens jurídicos protegidos, as condutas incriminadas, a qualidade e a quantidade das penas;

b) um nível orientado para a investigação do processo de atribuição do *status* criminal, chamado de processo de seleção ou criminalização secundária, do qual é exemplo o processo de aplicação das normas penais pela polícia e pela Justiça;

c) um outro nível orientado para a investigação do impacto da atribuição do *status* de criminoso na identidade do desviante, definido como processo de delinqüência secundária.

Como se percebe, refuta-se o modelo consensual de explicação da gênese das normas penais, que consistia num dos pressupostos da Criminologia tradicional. As normas penais passam a ser vistas numa perspectiva de pluralismo axiológico, e seu processo de criação, modificação e derrogação não mais procederá de um amplo consenso social, nem se orientará para a tutela de interesses gerais.

Ao problematizar a ação das instâncias de controle social e as definições que elas criam e aplicam, o *labelling approach* assume nitidamente uma dimensão política. Se criminal é o comportamento que foi criminalizado e se a criminalização nada mais é do que apenas um aspecto do conflito que se resolve através da instrumentalização do

Direito (e portanto do Estado) por parte de quem é politicamente mais forte, os interesses que estão na base da formação e aplicação do Direito Penal não são interesses comuns a todos os cidadãos, mas interesses dos grupos que têm poder de influir sobre os processos de criminalização. Conseqüentemente, a questão criminal como um todo será eminentemente política.

Todavia, essa dimensão do poder desenvolvida pelo *labelling* é considerada deficitária. Andrade (1997, p. 215), citando Zaffaroni e Alessandro Baratta, chega a referir-se à abordagem como "teoria de médio alcance". A crítica ao *labelling* destaca as suas limitações analíticas em traduzir-se numa crítica macrossociológica do sistema penal, em função de seu insuficiente grau de abstração em relação à infra-estrutura da sociedade capitalista:

> "É que sem perquirir seus condicionantes estruturais, a interpretação pluralista [do interacionismo simbólico e da etnometodologia] acaba por reduzir-se a uma interpretação 'atomista' da sociedade, vista como um conjunto de pequenos grupos, cujas relações não remetem nunca às relações mais gerais de classe, isto é, a uma desigual distribuição das oportunidades sociais".(Massimo Pavarini, citado por Andrade, 1997, p. 215).

Na verdade, a crítica sistemática tanto do interacionismo como da etnometodologia é uma das notas salientes da Criminologia Radical, a mais recente perspectiva criminológica, que se afirmou em plena década de 70 do século passado, nos Estados Unidos e na Inglaterra, irradiando-se depois para todo o continente europeu.[8] À luz dessa perspectiva criminológica, as diferenças entre a criminologia tradicional, de paradigma ontológico, e as abordagens interacionista e etnometodológica, não são significativas: "...todas funcionariam no sentido de conservar a realidade vigente e da ordem jurídico penal opressiva do capitalismo. A primeira, porque a aceita acriticamente; as duas últimas porque não levam a dimensão reflexiva até ao ponto da sua contestação teórica e pragmática"(Dias e Andrade, 1992, p. 59).

A Criminologia Radical apresenta-se expressamente como uma criminologia marxista. R. Garofalo, citado por Dias e Andrade (1997, p. 58) afirma: "A definição formal da criminologia radical é breve: a criminologia radical pressupõe uma abordagem marxista dos problemas do crime e de seu controlo".

Juarez Cirino dos Santos sintetiza a essência da Criminologia Radical (1981, p. 86-91):

a) tem por objeto as relações sociais de produção (infra-estrutura) e de reprodução político-jurídica (superestrutura), que produzem e

---

[8] No Brasil, apontam-se como seus seguidores Roberto Lyra Filho e Juarez Cirino dos Santos.

reproduzem, através de processos de criminalização e de execução penal, o crime e o controle do crime. Os processos de criminalização primário e secundário protegem seletivamente os interesses das classes dominantes, pré-selecionam os indivíduos estigmatizáveis na classe dominada e administram a punição pela posição de classe, complementada pela posição precária no mercado de trabalho e pela subsocialização. O processo de execução penal, por sua vez, reproduz as desigualdades sociais (separação trabalhador – meios de produção) e a marginalização (qualificação negativa estrutural – o apenado está fora do mercado de trabalho – e imposição superestrutural de sanções – o apenado está dentro do aparelho punitivo);

b) a abordagem teórica do autor é transposta para as relações sociais de classe (na infra-estrutura) e de poder (na superestrutura): o método dialético estuda o crime e o controle do crime no contexto da base material e das superestruturas ideológicas do capitalismo, indicando as desigualdades econômicas como determinantes primárias do comportamento criminoso, a posição de classe como variável decisiva no processo de criminalização, e a necessidade de sobrevivência como origem da inserção do trabalhador no mercado de trabalho e do desempregado no crime;

c) a base social da Criminologia Radical são as classes trabalhadoras, o que explica seus compromissos de luta contra o imperialismo, a exploração capitalista, o racismo e todas as formas de opressão social; seu objetivo estratégico é a construção do socialismo, e sua tarefa científica é a elaboração de uma teoria materialista do Direito e do crime na sociedade capitalista;

d) a Criminologia Radical, com base na análise das condições objetivas, estruturais e funcionais que originam o desvio, distingue-o, conforme se trate de condutas das classes dominadas – interpretadas como expressões específicas das contradições que caracterizam a dinâmica da formação econômico-social – ou condutas das classes dominantes (a criminalidade do "colarinho branco", dos detentores do poder econômico e político, a criminalidade organizada etc.) – estudadas à luz da relação funcional entre processos legais e ilegais da acumulação e da circulação do capital e entre esses processos e a esfera política;

e) distinguem-se ainda um conceito burguês de crime, representado pelas definições legais – em geral, ações contrárias às relações de produção – e um conceito proletário de crime, representado por definições reais e operacionais de relações sociais danosas – com predominância de ações contrárias à segurança pessoal e à igualdade social, econômica e política;

f) a Criminologia Radical separa os objetivos ideológicos ostensivos (repressão da criminalidade, ressocialização do criminoso etc.) dos objetivos reais e ocultos do sistema punitivo (reprodução das relações sociais de produção e da massa criminalizada) para contrapor o fracasso histórico dos objetivos ostensivos com o êxito histórico dos objetivos reais e ocultos do sistema punitivo.

Esta é, portanto, uma teoria marxista porque procura entender a sociedade como um todo, estabelecendo uma política econômica do comportamento e da reação social e uma psicologia social politicamente informada sobre a dinâmica social. Além disso, orienta-se normativamente para a eliminação das desigualdades de propriedade e de oportunidades.

Chega-se assim ao ápice daquilo que Cohen chamou de "o impulso desestruturador" da criminologia. A partir dessa desconstrução epistemológica operada pelo paradigma da reação social, fica claro que a Criminologia positivista, mesmo em suas versões mais atualizadas, não atua "cientificamente" sobre a criminalidade, mas sim como uma instância interna e funcional ao sistema penal, desempenhando uma função imediata e diretamente auxiliar relativamente a ele e à Política Criminal:

> "Pois não se trata mais de 'explicar' causalmente a criminalidade, mas de instrumentalizar e justificar, legitimando-a, a seleção da criminalidade e a estigmatização dos criminosos operada pelo sistema penal. E não se trata, igualmente, de 'combatê-la', porque a função do sistema é, precisamente, a de construí-la ou geri-la seletivamente." (Andrade, 1997, p. 222).

1.1.3. A criminalidade como construção social

A criminalidade, após o processo de desconstrução dos modelos penais fundamentais, para o qual o paradigma da reação social contribuiu decisivamente, passa a revelar-se principalmente como um *status* atribuído a determinados indivíduos, mediante uma dupla seleção: em primeiro lugar, pela seleção dos bens jurídicos penalmente protegidos e dos comportamentos ofensivos a estes bens, descritos nos tipos penais; em segundo lugar, pela seleção dos indivíduos estigmatizados entre todos aqueles que praticam tais comportamentos (Andrade, 1997, p. 218, citando Alessandro Baratta).

Esses processos de criminalização constituem uma forma de controle social, e os estudos de criminologia devem, portanto, considerar as condições materiais específicas de cada âmbito cultural, geográfico etc., num trabalho de sociologia do controle penal.

1.1.3.1. *O controle social*. Objeto explícito da Criminologia da reação social, não tem conceito unívoco. Para os fins a que se propôs este trabalho, adotou-se a perspectiva ampla de Cohen, descrita por Castilho (1998, p. 35): controle social é a resposta da sociedade às condutas e às pessoas por ela considerada como desviadas. Molina define o controle social como o conjunto de instituições, estratégias e sanções que pretendem promover e garantir a submissão do indivíduo aos modelos e normas comunitários. (Molina, 1992, p.76).

Para Hassemer (citado por Castilho, 1997, p.36), não há alternativas ao controle social. Ele é condição básica, irrenunciável da vida em sociedade. É ele que vai assegurar os limites da liberdade humana e o cumprimento das expectativas de conduta e das normas sem as quais não existiriam grupos sociais e sociedade.

As respostas do controle social são extremamente diversificadas. Quanto ao seu sentido e ao seu conteúdo, podem ser punitivas, compensatórias, terapêuticas e conciliatórias; podem ter natureza jurídico-formal, mas também podem ser absolutamente informais, quando operadas pela família, vizinhos, amigos, escola, igreja, colegas de trabalho, sindicatos, partidos políticos e, principalmente, pelos meios de comunicação de massa; e podem ainda, quanto ao nível organizacional, ser assumidas pelo Estado (grupo terciário), pelos grupos secundários (empresas, escolas etc.) ou por grupos primários mais ou menos espontâneos (família, amigos, vizinhança, paróquia, vítimas dos delitos, denunciantes etc.) (Dias e Andrade, 1992, p. 421-7).

A finalidade ostensiva do controle social é disciplinar o comportamento humano em sociedade. Contudo, a ordem social erigida sobre esse sistema de controle, composto de normas, sanções e do próprio processo de aplicação das sanções, é insuficiente para coagir os indivíduos a respeitá-la. Em função disso, mais ou menos freqüentemente, o grupo social, para conseguir o grau de coação necessário para a submissão forçada daqueles que não se integram à ideologia dominante, lança mão da ordem jurídica, que é um subsistema do controle social altamente formalizado (grupo terciário, composto por polícia, juízes, fiscais e estabelecimentos penitenciários). Assim, a função real do controle social, conforme Castilho (1997, p. 37), é a reprodução da ideologia vigente, com a conseqüente repressão aos recalcitrantes em adotá-la. "Nessa perspectiva, a razão de Estado serve de fundamento à pena e aos sistemas de controle social". E não é por outro motivo que a Criminologia da reação social se auto-intitula uma sociologia do controle social.

Os agentes de controle das instâncias informais procuram condicionar os indivíduos a uma determinada pauta de valores mediante processo de socialização que inicia no seio familiar e perdura por toda a vida. Apenas quando essa instância falha nesse intento é que atuam as instâncias formais de controle, por intermédio da polícia, do ministério público, dos órgãos judiciários, dos órgãos de execução penal etc. e, nesta missão, legitimadas pela ordem jurídica, podem empregar a violência. Justamente quando ultrapassa o limite estabelecido entre as instâncias informais e formais, "... as sanções deixam der ser de tipo social mais ou menos difuso [a ridicularização, por exemplo] para se tornar estigmatizante" (Castilho, 1997, p. 40). A partir da atuação da polícia, o indivíduo adquire o *status* social de delinqüente.

Um dos subsistemas componentes do controle social, o controle jurídico penal, é o conjunto de instituições, estratégias e sanções sociais que visa a promover e garantir a submissão do indivíduo às normas de conduta protegidas penalmente (Castilho, 1997, p.41). Como todos os subsistemas do controle social, possui como elementos estruturais a norma, a sanção e o processo de aplicação da sanção, distinguindo-o dos demais subsistemas apenas o elevadíssimo grau de formalização com que atua.

O sistema de controle jurídico-penal é composto por instituições estatais responsáveis pela criação, aplicação e execução das normas penais. O Poder Legislativo é a fonte básica do controle jurídico-penal. Os principais agentes operadores são a polícia e o Poder Judiciário, aí incluído o Ministério Público, e os órgãos de execução de penas e de medidas de segurança. O público, na condição de denunciante, ou na condição de opinião pública, operacionaliza o sistema, ou interage com ele.

1.1.3.2. Os processos de criminalização. A criminalidade, sob o enfoque do paradigma da reação social, passa a ser não apenas uma realidade socialmente construída, mas construída de forma altamente seletiva e desigual pelo controle social. Nesse novo contexto, o controle penal passa a ser visto como um conjunto articulado de processos de definição – a criminalização primária – e de seleção – a criminalização secundária. Com esse deslocamento de foco, do delinqüente para as instituições que criam a delinqüência, o objeto da análise passa a ser justamente esses mecanismos de funcionamento do controle social.

O fenômeno criminal, no campo jurídico-penal, manifesta-se com uma tripla face: a elaboração das normas penais, a infração dessas normas e a reação social. Castro (1983, p. 103) descreve o processo de criminalização como vetores que apontam para três diferentes direções: a criminalização de condutas, a criminalização de indivíduos e a criminalização do desviante.

O primeiro vetor é chamado de criminalização primária e tem como fonte formal o Poder Legislativo e outras fontes normativas admitidas pela Dogmática Jurídica para a complementação das normas penais em branco.[9] A criminalização de comportamentos é o processo de conversão de uma conduta lícita em ilícita mediante a interposição de uma lei penal. O simples fato de uma norma ter sido criada já produz a delinqüência (não há delinqüência que não tenha sido "criada" por uma norma penal). A delinqüência provoca uma reação social. Muitas formas de reação social podem produzir delinqüência (os já descritos mecanismos secundários de delinqüência). O maior alarme social, por sua vez, produzirá novas normas penais.

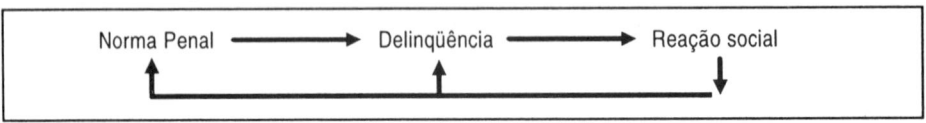

Gráfico 1: O fenômeno criminal

Castro (1983, p. 85-95) sintetiza as teorizações a respeito do como e do por quê da criação das normas penais. Conforme a criminóloga venezuelana, para Durkheim, o fundamento das normas penais está na consciência coletiva original. Para o sociólogo francês, os delitos são antagônicos aos grandes interesses sociais, que estariam enunciados nas leis penais, tese prontamente refutada por partir do pressuposto indemonstrável de que haveria um consenso coletivo original.

Para Howard Becker, um comportamento só será taxado de delinqüente quando houver uma resposta dos outros considerando-o como tal. Não existindo tal resposta, não haverá a qualificação efetiva do comportamento desviante. Nesse contexto de "reserva", próprio das grandes comunidades urbanas contemporâneas, em que cada um "se ocupa consigo", para que se implantem as normas penais é necessário que surja um *moral cruzader*, um "empresário moral", que desencadeie a reação frente a determinadas condutas. O "empresário" conseguirá então o apoio de grupos poderosos, de alguma forma interessados na cruzada. Desenvolve-se uma situação de pânico coletivo e produz-se uma forte atividade comunitária. É nomeada uma comissão encarregada de estudar causas, fatos, conseqüências etc. Finalmente, a norma é formulada por quem tem o direito de legislar.

---

[9] Diferentemente da maioria das normas punitivas, que contêm integralmente o preceito e a sanção, as normas penais em branco encerram a sanção, fazendo remissão, para compor o preceito, a complementos situados em outros ramos do Direito. No Direito Penal tributário, esse problema assume configuração peculiar, porque praticamente todas as suas normas incriminadores são em branco, integradas necessariamente por elementos definidos em outras searas legais, sobretudo na do Direito Tributário. Aparentemente, apenas o art. 1º, inc. IV, da Lei nº 8.137/90 apresenta figura-tipo desvinculada de outros ramos do Direito. Todos os demais incisos do artigo 1º e do artigo 2º referem-se a elementos que demandam integração, como, por exemplo: tributo, contribuição social, acessório, informação, declaração falsa, autoridades fazendárias, fiscalização tributária, operação, documento ou livro exigido pela lei fiscal, nota fiscal, fatura, duplicata, nota de venda, operação tributável, venda de mercadoria ou prestação de serviço, valor do tributo ou de contribuição social, sujeito passivo de obrigação, contabilidade da empresa etc.

A teoria crítica do Direito Penal e as investigações sócio-históricas, por sua vez, demonstram as raízes econômicas da lei penal. Para o enfoque crítico, "já não interessa tanto saber se o delinqüente é diferente dos demais, se existe uma personalidade criminal, se são malvados ou se têm determinadas medidas corporais. Agora, simplesmente nos encontramos com o fato de haver uma categoria de pessoas que fazem as leis para os outros."(Castro, 1983, p.94)

Castro cita ainda uma série de investigações que bem demostrariam as íntimas relações entre os interesses socioeconômicos prevalecentes num determinado momento da história e a formulação de normas penais, como a que pesquisou a evolução da Lei dos Vadios e Meliantes de 1349, pela qual se regulou, na Inglaterra, a esmola para desempregados que estavam em condições de trabalhar. A necessidade de obrigá-los a aceitar empregos com salários mais baixos fez com que a lei, em 1530, fosse revitalizada e reformulada, penalizando os "vadios recalcitrantes" com a amputação da orelha. Infrutífera no sentido de coagi-los, a pena para os reincidentes foi alterada em 1535, e a vadiagem reiterada passou a ser castigada com a morte.

Outro aspecto importante dos processos de criminalização primária é o salientado por Castilho (1997, p. 76-7): trata-se de processos que, "...se de um lado constróem a criminalidade, por outro desenham o mapa da impunidade. Ao mesmo tempo em que alguns são penalizados, outros são imunizados". Isso se dá porque as normas penais exteriorizam uma anterior seleção de bens jurídicos a serem tutelados, seleção essa que se manifesta também na técnica de formulação dos tipos penais, na previsão de agravantes e de atenuantes.

"Assim, figurativamente, as malhas do tipo penal são, em geral, mais estreitas para as infrações típicas das classes sociais mais baixas do que aquelas que constituem os crimes do colarinho branco. Estas infrações, típicas das classes mais altas, mesmo no plano da proibição em abstrato, apresentam a possibilidade maior de permanecer imunes. Por isso, sobre o caráter fragmentário do Direito Penal, pelo qual certos comportamentos não são, nem devem ser, alcançados por ele, Baratta põe em dúvida as justificativas baseadas na natureza das coisas ou na inidoneidade técnica de certas matérias frente ao controle jurídico-penal. A seu ver, trata-se de uma ideologia que oculta o privilégio das classes dominantes e a tendência a preservar da criminalização primária comportamentos socialmente danosos, típicos dos integrantes das classes sociais hegemônicas e ligados funcionalmente à existência da acumulação capitalista. Com isso, criam-se zonas de imunização para comportamentos cuja danosidade se dirige particularmente às classes subalternas." (Castilho, 1997, p. 49-50).

O nível primário do processo de criminalização, que aqui denominamos de vetor de criminalização de condutas, pode, segundo a perspectiva do interacionismo norte-americano, ser chamado de *macrolabelling*. O segundo e terceiro vetores dizem respeito aos processos de criminalização secundária e, de acordo com essa mesma perspectiva teórica, podem ser descritos como *micro-labelling*, por referirem-se a dados individuais.

A criminalização secundária ocorre na aplicação das normas penais. Seu âmbito de concretização, portanto, são os Poderes Executivo e Judiciário. A criminalização de indivíduos consiste nos procedimentos, situações, ritos ou cerimônias que levam a marcar como delinqüentes determinadas pessoas em vez de outras, embora todas tenham praticado atos semelhantes, mediante um sistema de seleção mais ou menos determinável (Castro, 1983, p. 103). Envolvem ainda uma dimensão psicológica e social, segundo a qual quem, a princípio, era um mero desviante, torna-se um criminoso, a partir de sua autopercepção como tal, embrenhando-se em uma carreira criminal.

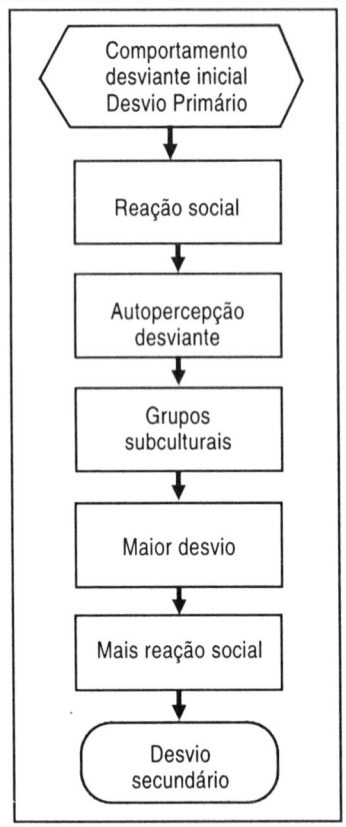

Gráfico 2: O processo de Criminalização Secundária

Os processos de criminalização secundária acentuam o caráter seletivo do sistema penal abstrato. Castro (1983, p. 105-6) salienta que estudos feitos demonstram que a polícia concentra a repressão sobre pessoas que já foram anteriormente rotuladas. Desencadeia-se, com isso, forte hostilidade por parte dessas pessoas, o que traz como conseqüência uma intensificação da reação social. O resultado final desse processo iterativo é a aglutinação dessas pessoas em torno de um grupo, criando uma subcultura que poderá levar a uma espiral criminal de conseqüências imprevisíveis.

As estatísticas criminais, a partir do interacionismo, também têm servido para demonstrar o caráter altamente seletivo do processo de criminalização secundária. Sob o enfoque da Criminologia tradicional, a questão cingia-se a definir a criminalidade real,[10] servindo então de base de cálculo dos custos morais e materiais da delinqüência. A criminalidade aparente reproduziria, em proporções reduzidas, a criminalidade real, o que permitiria fazer extrapolações para calculá-la.

Em seu impulso desestruturador, o *labelling approach*, contudo, reapropriou-se das estatísticas como instrumento da lógica do controle penal, verificando que nem todo crime cometido é registrado e é objeto de investigação policial; nem todo crime investigado é levado à apreciação judicial; nem toda a ação penal é recebida pelos órgãos judiciais; e, quando recebida, nem sempre resulta em condenação. Entre a criminalidade legal e a criminalidade real haveria "...consideráveis defasamentos *quantitativos* e mesmo *qualitativos*: não representam apenas duas grandezas, mas também duas realidades distintas". (Dias e Andrade, 1992, p.70, com os grifos do original).

Acontece que muitos fatos não são levados ao conhecimento da polícia, pelas mais diversas razões: ou o fato não foi descoberto, ou a vítima não o percebe como delituoso; por desconfiança ou aversão à polícia; por simpatia para com o delinqüente; porque a comunidade cultural à qual pertence a vítima, ou alguém que tenha conhecimento do fato, repudia as denúncias; por temor a represálias; pela percepção de que a pena em tese aplicável seria mais grave do que o dano sofrido; para evitar implicação no caso; porque há possibilidade de obter reparação por outra via, pelo desinteresse da polícia em investigar devido à ausência de vítimas; pela dificuldade de mobilização de

---

[10] A criminalidade real é a quantidade de delitos verdadeiramente cometidos em determinado momento. A criminalidade legal é aquela que aparece registrada nas estatísticas oficiais, após a condenação judicial. A criminalidade aparente é toda a criminalidade que chega ao conhecimento dos órgãos de controle social. A criminalidade oculta – ou a cifra negra da criminalidade – é a diferença entre a criminalidade real e a aparente. Além da cifra negra da delinqüência, Severín-Carlos Versele (de acordo com Castro, 1983, p. 75) refere-se às "cifras douradas" para descrever a criminalidade daqueles que detêm o poder público e o exercem impunemente, lesando a coletividade e cidadãos em benefício próprio ou de sua oligarquia, ou que dispõem de um poderio econômico que se desenvolve em detrimento da sociedade.

efetivos policiais; por incompetência técnica para investigar o delito; injunções de natureza econômica ou política que obstruem ou impedem a investigação etc. (Castro, 1983, p 69-70).

A constatação da existência da criminalidade oculta fez emergir as inconsistências do conhecimento erigido com base nas estatísticas criminais pela Criminologia tradicional. Os delitos registrados, hoje sabe-se, constituem uma mostra não representativa da delinqüência. É notório, por exemplo, que não aparecem nas estatísticas os delitos cometidos por pessoas de alto *status* econômico-social, a menos que tenham sido excepcionalmente escandalosos, e, portanto, também não aparecem as formas delitivas características dessa classe social (Castro, 1983, p. 35, cita o "refinado estelionato coletivo, manejo fraudulento do crédito, falências fraudulentas, autoria intelectual e crimes do 'colarinho branco' em geral"). Castilho (1997, p. 53) confirma tal constatação com os dados do último Censo Penitenciário, de 1994: nos cerca de um milhão de crimes praticados ao ano no País,[11] não há qualquer registro de presos cumprindo pena pela prática de crimes contra o sistema financeiro; crimes de sonegação atingem a cifra de 0,004%, de contrabando e descaminho 0,006%, e de estelionato 2,15% (Ministério da Justiça, 1994, p. 62).

A evidência da dimensão da cifra negra escancara o caráter seletivo do processo de criminalização secundária. Louk Hulsman, citado por Andrade (1997, p. 266), conclui que "...a imunidade, e não a criminalização, é a regra do modo de funcionamento deste sistema".[12] A seleção é quantitativa, pela necessidade de filtrar as ações puníveis e perseguíveis judicialmente em função do limitado potencial de atuação dos agentes operadores desse processo (polícia, MP, etc.). Mas é também qualitativa, haja vista "...a divergência de facto que medeia entre os sentidos incorporados na lei que define o crime e o significado efectivo que tais sentidos acabam por assumir no processo dinâmico da sua interpretação, aplicação e concretização" (Dias e Andrade, 1992, p. 132). Para estes autores portugueses, a seleção qualitativa também ocorre no Judiciário por meio de práticas *praeter legem* e até *contra legem* (1992, p. 369).

No que pertine à criminalidade econômica, há uma impressão generalizada de que campeia a impunidade. Cervini[13] e Gomes (1995,

---

[11] Dado de pesquisa realizada, em 1993, pelo Conselho Nacional de Política Criminal e Penitenciária.

[12] Se considerarmos que a expressão "imunidade" restringe-se à seleção operada no processo de criminalização primário, poderíamos aditar a constatação, acrescentando que é a impunidade a nota característica desse processo.

[13] "...Roberto Lyra fue de los primeros a señalar y caracterizar la macrocriminalidad económica como un abanico de formas de delincuencia muy perfeccionadas, de enorme dañosidad social, que se mostraban cada vez más accesibles a la evidencia científica, pese a lo cual *raramente aparecían tipificadas en la ley penal.* (Cervini, 1995, p. 51, com grifos nossos).

p. 166-8) já salientaram que a imunidade é de fato uma das características marcantes da delinqüência econômica. Miguel Bajo Fernandez,
citado por Castilho (1997, p. 54), sugere que a cifra negra dessa
criminalidade seja até maior do que a do aborto. As causas de tal fato
podem ser agrupadas em três categorias: as características da
conduta, a reação social e as dificuldades na criminalização primária e
secundária. Citam-se, por exemplo, o forte poderio econômico e social
dos autores, a cumplicidade das autoridades, a privacidade que caracteriza a vida e as atividades dos autores, a complexidade das leis
especiais, manipuláveis por hábeis assessores, a interposição de pessoa
jurídica, tornando difusa a responsabilidade penal e dificultando a
aplicação da lei no caso de empresas multinacionais, estratégias publi-
citárias para conservar a aceitação do público e manter boa imagem, a
complexidade do mundo empresarial, que lhe confere aura de licitude,
o distanciamento entre autor e vítimas, geralmente mediados por
pessoa jurídica, especialização profissional e domínio funcional dos
meios tecnológicos, débil reação social, o prestígio, honorabilidade e
influência do autor, que lhe conferem imagem favorável frente à
comunidade, temor da vítima frente ao poder da corporação e a
incredulidade a respeito da eficácia da administração da justiça, técnicas de neutralização, deficiente regulação jurídica etc. (conforme Lola
Aniyar de Castro, Luiz Flávio Gomes e Raúl Cervini, citados por
Castilho 1997, p. 56).

A conclusão a que se chega é a de que a impunidade da criminalidade econômica existirá enquanto persistirem as desigualdades sociais. O funcionamento do controle jurídico-penal é estruturalmente
seletivo, guardando estreita relação funcional com a manutenção e com
a reprodução do capital monopolista, baseando-se na:

> "... a) a máxima efetividade do controle social sobre as condutas
> desviadas que são disfuncionais ao sistema de valoração e acumu-
> lação capitalista (crimes contra a propriedade e desvios políticos),
> compatível com a medida mínima de transformação do sistema; b)
> na máxima imunidade assegurada a condutas socialmente dano-
> sas e ilícitas, porém funcionais ao sistema (atentados contra o meio
> ambiente, criminalidade política, colusões entre organismos do
> Estado e interesses privados), ou que expressam apenas contradi-
> ções internas dos grupos sociais hegemônicos (certas formas de
> crimes econômicos relativos à concorrência e ao antagonismo
> entre grupos capitalistas, no caso em que a relação de forças entre
> eles não permitam (*sic*) a sobreposição de uns pelos outros)."
> (Alessandro Baratta, citado por Castilho, 1997, p. 57)

1.2. O enfoque normativo da criminalidade econômica

1.2.1. A conceituação de criminalidade econômica

A criminalidade econômica é um campo vasto e complexo a chamar a atenção de criminólogos, juristas e legisladores, no interesse de entender sua natureza, o seu objeto, a sua extensão e os tipos legais de ilicitude. Como bem salientado por Castilho (1998, p. 61), o conceito de criminalidade econômica depende, num primeiro momento, do enfoque que se lhe dê: criminológico ou normativo. Em uma etapa seguinte, em cada uma dessas duas perspectivas, o conceito de criminalidade econômica assume um alto grau de variabilidade. Desde a perspectiva criminológica, dependerá da teoria adotada; do ponto de vista normativo, do critério de classificação jurídica. Há vários tipos de denominações. As definições podem ser restritas ou mais amplas.

O problema da conceituação deve ser abordado aqui para a melhor compreensão do objeto da investigação empírica: as condutas que se incluem na criminalidade tributária, um dos subgrupos da criminalidade econômica. Ressalte-se, neste passo, que não são todas as definições que incluem a criminalidade tributária no rol dos crimes econômicos.

1.2.1.1. Os enfoques criminológico e normativo. O enfoque criminológico procura, inicialmente, estabelecer qual seja o conceito de crime objeto de estudo. Há duas orientações fundamentais: a primeira, restritiva, corresponde ao modelo tradicional de criminologia, de paradigma etiológico, que considera crime as condutas que a lei define como tal; a outra, ampla, interessa-se por todas as condutas desviadas, e é tributária da revolução de paradigma provocada pelo *labelling approach* e pela Criminologia Crítica.

Dentro do enfoque criminológico ampliado, destacam-se os estudos seminais de Edwin Sutherland, que construiu o conceito de *white collar crimes*. Para Sutherland, crime do colarinho branco é o conjunto de práticas anti-sociais das elites econômico-financeiras, lesivas ao patrimônio da coletividade e do Estado. Constitui uma violação da norma penal por pessoas de elevado estatuto socioeconômico, no exercício abusivo de uma profissão lícita. Inclui três espécies de conduta: a dos empresários no desempenho de seus negócios, os atos ilícitos de profissionais liberais e os atos ilícitos no âmbito da atividade política.[14] Uma das circunstâncias que merece destaque nesse tipo de criminalidade é o elemento subjetivo que envolve esses delinqüentes:

---

[14] Se, nos Estados Unidos, a expressão *white collar crimes* tornou-se sinônima de crimes econômicos, no Brasil ela acabou por restringir-se ao seu subsistema criminalidade financeira, por força da Lei nº 7.492/86, conhecida no País como a "lei dos crimes do colarinho branco".

eles parecem não possuir consciência de estarem praticando algum delito. Segundo Luiz Carlos Rodrigues Duarte (citado por Lira, 1995, p. 353),

> "... para eles inexiste 'culpa moral', embora possa haver 'culpa jurídica'; eles crêem e agem como se nada de imoral, ilegítimo ou ilegal estivessem fazendo; acreditam serem instrumentos do desenvolvimento social e melhores que o governo, dado que esse 'arrecada muito' e não apresenta ao povo os resultados sociais desejados, enquanto ele – o bem sucedido empresário – além de gerar empregos, mantém instituições de caridade, faz doações aos pobres..."

Castro (1983, p. 77-83) define a criminalidade do "colarinho branco" como a que é cometida por pessoas de respeitabilidade e de elevado *status* social, no exercício de sua ocupação profissional. Salienta a autora venezuelana os aspectos diferenciais deste conceito face ao de criminalidade convencional:

a) o sujeito ativo é uma pessoa de *status* social elevado; nos crimes convencionais, é o sujeito passivo que geralmente possui maior *status* socioeconômico;

b) são delitos cometidos no exercício de atividades profissionais do sujeito ativo, isso é, nem todos os delitos praticados por pessoas de elevado nível social são do tipo "colarinho branco";

c) os elementos utilizados pela Criminologia tradicional para explicar a criminalidade convencional (más condições econômicas, instabilidade emocional, má formação biológica etc.) não podem ser utilizados para explicar a criminalidade do "colarinho branco".

d) há grande dificuldade de mensuração desse tipo de criminalidade.

e) da mesma forma, é extremamente difícil descobri-lo e sancioná-lo, em razão do poderio econômico e político do sujeito ativo desse tipo de crime;

f) talvez a mais marcante disparidade da criminalidade do "colarinho branco" para com a convencional seja o fato de que o delinqüente do "colarinho branco" não é estigmatizável pela coletividade, que não o considera delinqüente, não o segrega e não o desvaloriza, isso é, esse tipo de criminalidade tem escassa repulsa social;

g) a implementação diferencial da lei e dos tribunais: os crimes do "colarinho branco" são penalizados com multas ou outras medidas administrativas e mesmo as penas privativas de liberdade são muito suaves.

h) a imunidade dessas pessoas também pode ser explicada pela tecnificação e complexidade das leis especiais que regem certas matérias como tributação, comércio exterior, organização societária etc., pela ausência de controle estatal ou pela cumplicidade das autoridades.

No enfoque criminológico restrito às condutas criminalizadas pela lei penal, Castilho percebe uma certa predominância da expressão *criminalidade econômica* (ou *economic crime, Wirschaftskriminalität, criminalidad o delincuencia económica*[15]) (Castilho, 1997, p 64). A autora comenta também o emprego das expressões *macrocriminalidade econômica* e *macrodelinqüência econômica*, respectivamente, por Raúl Cervini e por Luiz Flávio Gomes.

Para Cervini, "os macrodelitos econômicos traduzem inequivocamente um abuso da posição dominante, um uso abusivo dos recursos de poder de que dispõem e que para nós se expressa não só no campo econômico e político mas também e necessariamente no âmbito da especialização profissional".[16] O autor aponta como característico no fenômeno da macrocriminalidade a) o abuso do poder econômico, político ou de especialização profissional; b) elevada danosidade material e social; c) aparência de legalidade absoluta; d) mutabilidade dos mecanismos econômicos; e) caráter múltiplo e indeterminado das vítimas; f) transnacionalização das condutas, e; g) impunidade dos autores.

Gomes, por sua vez, estabelece uma sinonímia entre macrodelinqüência econômica e criminalidade do colarinho branco, englobando os crimes econômicos, financeiros, tributários, ecológicos, fraudes contra a administração pública etc., sempre causando graves danos sociais a vítimas difusas (Castilho, 1997, p. 66).

Já Silva (1980, p. 114-5) também utiliza o conceito de macrocriminalidade para contextualizar a criminalidade avançada, distingindo-a da criminalidade tradicional – microcriminalidade – que se desenvolve em crimes esporádicos cometidos por agentes relativamente isolados. A macrocriminalidade a que se reporta o autor é o crime organizado, com feições profissionais, combinando pessoas, capital e tecnologia na consecução de um fim, à semelhança de empresas e que tem como formas típicas os crimes empresariais, crime organizado, fraudes em instituições financeiras, fraudes contra a administração pública, contrabando etc. Dentre essas, Silva só qualifica de macrocriminalidade econômica aquelas que têm cunho empresarial, abusam no exercício de atividades empresariais, com conteúdo variado, com uma multiplicidade e grande dispersão dos lesados e, especialmente, escassa repulsa

---

[15] Na França, no entanto, prefere-se a expressão "criminalidade dos negócios" (*criminalité d'affaires*).

[16] Los macrodelitos económicos traducen inequívocamente un abuso de la posición dominante, un uso abusivo de los recursos de poder que se disponen, y para nosotros se expresa en el sólo en el campo económico y político, sino también y necesariamente en el ámbito de la especialización profesional. (Cervini, 1995, p. 55)

---

social. Esse enfoque criminológico acentua o aspecto fundamental da gravidade do dano a vítimas indeterminadas, critério não encontrável no prisma normativo descrito a seguir.

O ponto de vista normativo enfoca as normas que incriminam condutas e imputam-lhes sanções. A denominação e o conteúdo desse conjunto de normas varia de país para país: *Wirschaftsstraferecht* na Alemanha, *diritto penale della impresa* na Itália, *droit pénal des affaires* na França e *derecho penal económico* na Espanha. Klaus Tiedeman (segundo Salomão, 1996, p. 410) acha mais conveniente a denominação de *crimes contra a ordem socioeconômica*, ou mais simplesmente, *delitos socioeconômicos*,

> "...por permitir incluir, tanto em nossas deliberações, como em uma futura legislação, não somente os delitos contra a economia nacional, mas, também, os delitos financeiros, tributários, laborais, falimentares, etc., alcançando também os delitos societários e outros que possam ter relevância principalmente patrimonial, que se encontram em estreita conexão com a vida econômica".

Independentemente das denominações, Castilho percebe a existência de duas orientações fundamentais na formulação do conceito de crime econômico sob o ponto de vista normativo. A primeira inclina-se para um conceito amplo; a segunda prefere um conceito restritivo.

Pelo conceito amplo, a criminalidade econômica corresponde às infrações penais contra atividade econômica dentro da economia de mercado. Já o segundo enfoque prefere restringir o conceito como meio de alcançar alguma univocidade para o conceito normativo de criminalidade econômica. Sob o enfoque restritivo, crime econômico é a infração penal que lesa ou põe em perigo a ordem econômica, assim considerada a regulação jurídica da intervenção estatal na economia de um país (Miguel Bajo Fernandez, segundo Castilho, 1997, p. 70.)

Essa última orientação pressupõe haver uma relação entre a criminalidade econômica e o Direito Econômico, ou ainda entre os delitos tributários e o Direito Tributário. Não haverá como precisar o conceito de delito econômico sem que antes se compreendam os fundamentos, alcance e objeto do Direito Econômico. E, *mutatis mutandis*, o mesmo se dá com o conceito de crimes tributários.

Novoa Monreal, a seu turno, destaca que o conceito de delito econômico decorre, necessariamente, da identificação do bem jurídico afetado, ou seja, da ordem pública econômica de uma nação (segundo Dotti, 1985, p.297). Nesse sentido, "...além de conceitualmente restrito, [o crime econômico] é necessariamente relativo, dependendo do modelo de intervenção estatal na economia estabelecido na lei fundamental de cada país" (Castilho, 1997, p. 71).

1.2.1.2. O bem jurídico como critério de conceituação normativa. Ao se pensar na proteção penal de um bem jurídico de natureza tributária, é imperioso o questionamento acerca de seu conteúdo e de quais sejam os ataques violentos que as normas sancionatórias não-penais falharam em evitar.

A expressão "ordem" tem o significado de ordenamento, de organização, de sistema, vez que compreende a idéia de organização presidida por princípios e regras jurídicas próprias, no caso, tributárias. O sistema tributário é constituído pelo conjunto de tributos vigentes em um país (critério espacial) em determinada época (critério temporal), organizados segundo a competência de cada um dos entes federativos, e pelo conjunto de regras jurídicas que disciplinam esses tributos, ou conforme síntese de Cassiano (*in* Berni, 2000, p. 37), "o ordenamento tributário é o conjunto de regras que disciplinam a instituição, a administração, a fiscalização e a arrecadação de tributos. É constituído por entes legislados, pela jurisprudência e pelos princípios gerais de direito."

As características de um sistema tributário são influenciadas pelo sistema econômico, pela estrutura social e pelas finalidades fiscal e econômica da tributação. Essas características podem ser sistematizadas da seguinte forma:

a) correspondência da ordem tributária a um determinado sistema tributário implantado num país;

b) estabelecimento da ordem tributária por razões de interesse geral;

c) domínio imperativo da ordem tributária sobre toda a atividade econômica, obrigando administradores e administrados.

O Sistema Tributário brasileiro, a partir da Emenda Constitucional nº 18, de 1965, passou a ter uma organicidade, constituída de princípios inseridos na Constituição Federal. Na CF/88, encontram-se os princípios basilares que o regem atualmente (Coêlho, 1991, e Carrazza, 1997):

a) *estrutura*: o sistema tributário brasileiro está estruturado no capítulo constitucional denominado "Do Sistema Tributário Nacional", artigos 145 a 162. Estrutura do tipo rígido, estabelece Princípios Gerais, as Limitações do Poder de Tributar, discrimina as competências para criar impostos, taxas, contribuições, empréstimos compulsórios e a repartição das receitas tributárias.

b) *as espécies tributárias*: as espécies tributárias são aquelas previstas no artigo 145 (impostos, taxas e contribuições de melhoria), nos artigos 149 e 195 (contribuições sociais, ou especiais, ou ainda, parafiscais e, finalmente, no artigo 148 (empréstimos compulsórios).

c) *as competências tributárias*: a competência tributária é o poder constitucionalmente atribuído a cada um dos entes tributantes (União,

Estados, Distrito Federal e Municípios) para instituir os tributos que a Constituição lhes conferiu. Implica a concessão de plenos poderes para legislar, estruturar e administrar cada gravame. O artigo 153 arrola sete impostos cuja competência privativa para sua instituição pertence à União (importação de produtos estrangeiros; exportação de produtos nacionais ou nacionalizados; rendas e proventos de qualquer natureza; produtos industrializados; operações de crédito, câmbio e seguro, ou relativos a títulos e valores mobiliários; propriedade territorial rural; grandes fortunas). Dentro da competência privativa, competem aos Estados e Distrito Federal a instituição de três impostos, arrolados no artigo 155, alterado pela EC nº 3, de 17/03/1993 (transmissão *causa mortis* e doações, de quaisquer bens ou direitos; operações relativas à circulação de mercadorias e sobre a prestação de serviços de transporte interestadual e intermunicipal e de comunicação, ainda que as operações se iniciem no exterior; propriedade de veículos automotores). Aos municípios e também ao Distrito Federal, por força do artigo 147, competem privativamente outros três impostos, arrolados no artigo 156, também alterado pela EC nº 3 (propriedade predial e territorial urbana; transmissão *inter vivos*, a qualquer título, por ato oneroso, de bens imóveis, por natureza ou acessão física, e de direitos reais sobre imóveis, exceto os de garantia, bem como cessão de direitos a sua aquisição; serviços de qualquer natureza). Além da competência privativa para a instituição de impostos acima arrolada, compete à União, privativamente, instituir outros impostos não previstos no artigo 153, desde que sejam não-cumulativos e não tenham fato gerador ou base de cálculo próprios dos discriminados na Constituição, competência residual essa prevista no inciso I do artigo 154. Além da competência privativa e residual, cabe ainda à União, conforme o inciso II do artigo 154, a competência para instituição de impostos extraordinários, na iminência ou no caso de guerra externa. Alguns autores também classificam como competência tributária excepcional a estabelecida no inciso I do artigo 148, que autoriza a União a instituir empréstimos compulsórios em determinadas circunstâncias.[17] A competência comum, dessumida do artigo 145, é aquela atribuída indistintamente a todos os entes tributantes. Cada um dos entes políticos tributantes poderá criar taxas ou contribuições de melhoria de acordo com o exercício do poder de polícia e prestação de serviços públicos, inclusive realização de obras públicas. Finalmente, a bastante polêmica competência especial, que se dirige às contribuições sociais, cuja

---

[17] Saliente-se, contudo, que a questão é controversa, haja vista que o Supremo Tribunal Federal não reconhece o empréstimo compulsório como figura tributária, mas apenas como um tipo especial de empréstimo, que não se confunde com tributo. Na doutrina, detecta-se inclinação em favor da tese que reconhece natureza tributária nos empréstimos compulsórios.

natureza tributária é motivo de grande controvérsia. O artigo 195 autoriza a cobrança de outras contribuições sociais, para financiamento da seguridade social (de natureza tributária reconhecida pelo STF), e os artigos 146, inciso II, e 150, incisos I e II, atribuem à União a competência especial de instituir contribuições sociais de intervenção no domínio econômico e de interesse de categorias profissionais ou econômicas.

d) *as limitações ao poder de tributar*: toda a atribuição de competência implica necessariamente sua limitação. A própria descrição dos contornos da competência atribuída estabelece seus limites (Machado, 1998, p. 184-5). Pelo princípio da legalidade tributária, os poderes tributantes não podem exigir ou aumentar tributo sem que a lei o estabeleça (inciso I do artigo 150); pelo princípio da isonomia tributária, fica vedado estabelecer tratamento desigual entre contribuintes que se encontrem em situação equivalente, proibida qualquer distinção em razão da ocupação profissional ou função por eles exercida, independentemente da denominação jurídica dos rendimentos (inciso II do artigo 150); o princípio da irretroatividade (inciso III do artigo 150) veda a cobrança de tributos relacionados a fatos geradores ocorrido antes da vigência da lei que os instituiu ou aumentou; o princípio da anterioridade tributária (letra *b* do inciso III do artigo 150) veda também a cobrança de tributos no mesmo exercício financeiro que haja sido publicada a lei que os instituiu ou aumentou; vedada está também a utilização de tributo com efeito de confisco (inciso IV do artigo 150), ou represente o estabelecimento de limitação ao tráfego de pessoas ou bens, ressalvada a cobrança de pedágio pela utilização de vias conservadas pelo Poder Público (inciso V do artigo 150), e, pelo princípio da imunidade, fica vedado à União, aos Estados, ao Distrito Federal e aos Municípios a instituição de impostos sobre o patrimônio, renda ou serviços uns dos outros (imunidade recíproca); templos de qualquer culto; dos partidos políticos, inclusive suas fundações, das entidades sindicais dos trabalhadores, das instituições de educação e de assistência social, sem fins lucrativos, atendidos requisitos da lei; livros, periódicos e o papel destinado a sua impressão (inciso VI do artigo 150).

e) *as regras de repartição das receitas tributárias*: (arts. 157 a 161).

2. A construção social da criminalidade contra a ordem tributária

Castilho (1998, p. 114) lamenta que até hoje não tenha ocorrido a necessária revisão sistemática da parte especial, "...carecendo o Código Penal de uma classificação dos tipos penais adequada aos bens e interesses jurídicos emergentes do contexto social do após-guerra". Observa que essa adequação tem sido feita através de leis especiais.

Entre os crimes contra a ordem econômica reconhecidos no direito brasileiro, ressaltam-se os crimes contra a ordem tributária previstos na Lei n. 8.137, de 27 de dezembro de 1990, que foi objeto da investigação empírica adiante relatada. Do ponto de vista normativo, os crimes definidos nesta lei classificam-se na categoria da criminalidade econômica porque as condutas tipificadas lesam a ordem tributária, um dos subsistemas da ordem econômica brasileira em sentido amplo.

Já se afirmou que o custo dos crimes econômicos é muito maior do que todos os furtos, roubos e assaltos do país (Castro, 1983, p. 82). Os danos provocados à economia são muito mais expressivos do que aqueles causados pelos crimes tradicionais contra o patrimônio. A extensão do problema pode ser dimensionada pela afirmação do Senador João Calmon do PSDB/ES (conforme Lira, 1995, p. 353): "Bastará erradicar a sonegação e as verbas para o ensino automaticamente duplicarão – no mínimo".

2.1. A criminalização primária: as normas definidoras da criminalidade contra a ordem tributária no Brasil

A instância formal primária e privativa de definição e controle da conduta criminosa é o Congresso Nacional, conforme o artigo 22, inciso I, da Constituição Federal. Ela se materializa por meio das normas jurídicas, cujo conjunto forma o direito penal.

Louk Hulsman (segundo Andrade, 1997, p. 266) já apontou que "a imunidade, e não a criminalização, é a regra no funcionamento do sistema penal. O *insight* do autor põe em evidência o caráter seletivo do sistema penal. De um lado, essa seleção é quantitativa, respondendo a uma defasagem entre a programação penal e os recursos disponíveis no sistema para a sua operacionalização:

"Se o sistema penal concretizasse o poder criminalizante programado 'provocaria uma catástrofe social'. E diante da absurda suposição – absolutamente indesejável – de criminalizar reiteradamente toda a população, torna-se óbvio que o sistema penal está estruturalmente montado para que a legalidade processual não opere em toda a sua extensão" (Eugenio Raúl Zaffaroni, segundo Andrade, 1997, p. 265).

Mas a seleção é também qualitativa, que diz respeito à especificidade das infrações selecionadas e às conotações sociais dos autores, de modo que o direito penal abstrato resultante do processo de criminalização primária mostra as condutas criminalizadas e esconde as condutas imunizadas, recriando, ao longo desse processo, as cifras negras da criminalidade.

2.1.1. A evolução histórica da legislação penal tributária

Discutiu-se, em passado recente, com muita intensidade,[18] a necessidade de criminalizar condutas atentatórias à ordem tributária. A lei tardou. Costuma-se atribuir essa demora à falta de vontade política, "...reconhecendo que aos detentores do poder não interessa promover mudanças ou engajar-se em ações que representem perigo à continuidade e extensão do exercício desse poder" (Castilho, 1998, p.127). Percebe-se claramente, na demora em editar a lei, na forma de fazê-la e nos avanços e recuos representado por suas modificações, a ação de grupos de pressão.

O contrabando e o descaminho são figuras tradicionais no nosso direito penal, no campo dos crimes tributários, embora o tipo penal seja mais abrangente: além da evasão de tributos, o dispositivo pune também a importação ou exportação de mercadoria proibida, e uma série de outras condutas correlatas, algumas delas diretamente ligadas à evasão de tributos (CP, art. 334, com a redação dada pela Lei nº 4.729/65, art. 52).

Os crimes de falsidade, tipificados no Código Penal (arts. 298, 299 e 304), que talvez pudessem ter aplicação na repressão de infrações tributárias, não lograram, nesse campo, acolhida jurisprudencial. Todavia, o art. 293, I, do mesmo Código, trouxe explícita descrição do crime de falsificação de estampilha, papel selado ou qualquer papel de emissão legal destinado à arrecadação de imposto ou taxa.

---

[18] A *Revista de Direito Penal e Criminologia*, Rio de Janeiro, n. 33, jan./jun. 1982, dedica-se a artigos sobre criminalidade econômica.

A Lei nº 3.807/60 (art. 86) cominou as penas do crime de apropriação indébita para a falta de recolhimento de contribuições previdenciárias arrecadadas dos segurados.

A Lei nº 4.357/64 fez o mesmo para o imposto de renda, empréstimos compulsórios e para o extinto imposto do selo, quando descontados ou recebidos de terceiros. O Decreto-Lei nº 326, de 08/05/1967 previu o mesmo em relação ao IPI.

A Lei nº 4.729/65, modificada pela Lei nº 5.569/69, definiu uma série de tipos criminais tributários, sob a designação genérica de crimes de sonegação fiscal.

A Lei nº 8.137/90, ao definir os crimes contra a ordem tributária, arrolados nos arts. 1º a 3º, reescreveu a lista dos crimes antes designados de "sonegação tributária" pela Lei nº 4.729/65.

A Lei nº 8.212/91, que dispõe sobre o plano de custeio da seguridade social, arrola extensa lista de crimes, no art. 95 (vários dos quais antes enquadráveis como crimes contra a ordem tributária).

A Lei nº 8.313, de 23 de dezembro de 1991, estatui regra especial para os crimes de redução de tributo decorrentes da aplicação de incentivos concernentes ao Programa Nacional de Apoio à Cultura - PRONAC. Segundo ela, constitui crime, punível com reclusão de dois a seis meses e multa de vinte por cento do valor do projeto, obter redução do imposto de renda utilizando-se fraudulentamente de qualquer benefício da lei.

A Lei nº 8.866/94 caracterizou como depositário infiel quem não entrega à Fazenda Pública o valor de imposto, taxa ou contribuição, inclusive para a seguridade social, que, na forma da lei, tenha retido ou recebido de terceiro. A pena cominada é a de prisão civil.

Por fim, a Lei nº 9.983/2000 acrescentou à Parte Especial do Código Penal os tipos penais de "apropriação indébita previdenciária" (art. 168-A), "inserção de dados falsos em sistemas de informações" (art. 313-A), "modificação ou alteração não autorizada de sistema de informações" (art. 313-B), "sonegação de contribuições previdenciárias" (art. 337-A), além de alterar a redação dos artigos 153 ("divulgação de segredo"), 325 ("violação de sigilo funcional").[19]

Várias figuras tipificadas pela Lei nº 8.137/90 como "crimes contra ordem tributária" e antes previstas na Lei nº 4.729/65 trazem presente a noção de falsidade, pois os tipos arrolados nessas leis referiram-se a "declaração falsa", "elementos inexatos", "alteração de faturas ou documentos", "documentos graciosos" etc., que costumam aparecer como elementos conceituais dos crimes de falsidade.

---

[19] Dotti (1982, p.300) apresenta uma relação de diplomas de repressão às infrações tributárias, alfandegárias econômicas durante o período posterior a 1964. Lira (1995, p. 358) apresenta rol de dispositivos legais relacionados com a macrocriminalidade.

Na Lei nº 4.729/65, inseria-se, como elemento dos tipos penais, a intenção de eximir-se do pagamento de tributos, ou o propósito de fraudar a Fazenda Pública, ou o objetivo de obter deduções de tributos. A consumação do crime não dependia do efetivo resultado, mas apenas da prática de qualquer das condutas arroladas, matizada subjetivamente pelo desejo de atingir o resultado evasivo. Tratava-se de crimes de consumação antecipada, onde a efetividade do evento lesivo não integrava o tipo.

Já a Lei nº 8.137/90 deu disciplina penal mais ampla à matéria, alargando-se a lista de fatos típicos que passaram a configurar aquilo que ela designou genericamente como "crimes contra a ordem tributária", dispostos em extenso rol de figuras, unificadas, no art. 1º, pelo resultado lesivo ("suprimir ou reduzir tributo ou contribuição social e qualquer acessório"), e desdobradas em diversas condutas.

Com a Lei nº 8.137/90, as normas anteriores (que definiam os crimes de sonegação tributária e de apropriação indébita de tributo) restaram revogadas, já que lei nova regulou inteiramente a matéria.

CORREPONDÊNCIA ENTRE OS TIPOS PENAIS[20]

LEI Nº 4.729/65	LEI Nº 8.137/90
Art. 1º, I	art. 1º, I e art. 2º, I
Art. 1º, II	art. 1º, II
Art. 1º, III	art. 1º, III
Art. 1º, IV, 1ª parte (fornecer ou emitir documento gracioso)	art. 1º, IV
Art. 1º, IV, parte final	art. 2º, II (emprego de qualquer fraude para eximir-se total ou parcialmente do pagamento de tributo)
Art. 1º, V	art. 2º, III

Tabela 1: Correlação entre tipos penais da Lei 4.729/65 e da 8.137/90

Existem crimes previstos pela Lei nº 8.137/90 que não encontram correspondente na antiga Lei nº 4.729/65. A recíproca, porém, não é verdadeira. Todos os tipos penais da lei anterior encontram similares na lei atual.

2.1.2.O processo legislativo da Lei 8.137/90

A Exposição de Motivos (EM) nº 88, de 28/03/90, que acompanhou o Projeto de Lei nº 4.728/90, que deu origem à Lei nº 8.137, de 27.12.90, justificou a edição da Lei nos seguintes termos:

"A conceituação dos crimes que têm como conseqüência o não-pagamento de tributos, e as penalidades imponíveis, a seus autores,

---

[20] Conforme Decomain, 1995, p. 26.

deixam muito a desejar, mercê de suas imprecisões e lacunas, não só na definição dos fatos tipificadores do crime, como também na fixação da pena aplicável quando de seu cometimento.

2. Em verdade, o objetivo básico colimado, qual seja o de desestimular a prática criminosa, não vem sendo alcançado, fato esse que tem causado grandes e irreparáveis prejuízos a Fazenda Nacional.

3. Não representará uma inverdade afirmar-se que, ao contrário do que deveria ocorrer, a prefalada legislação, de certa forma estimula a prática de crime em vez de coibi-la.

4. Diante desse quadro, entende-se absolutamente necessária a tomada de providências imediatas, aperfeiçoando-se as normas reguladoras da matéria, o que se propõe seja feito de acordo com as normas constantes do anexo projeto de lei, que ora tenho a honra de submeter à apreciação de V. Exa.

5. O projeto em foco trata do crime contra a administração tributária mediante adoção de definições mais abrangentes do que aquelas hoje existentes,

6. Além disso, o projeto proposto, em algumas hipóteses, torna mais severa a penalidade aplicável, prevendo a reclusão de dois a cinco anos para o infrator, em vez dos atuais seis meses a dois anos de detenção.

7. Outra inovação que se propõe consiste em se estender a terceiros que, não tendo praticado diretamente o ato delituoso, tenham colaborado, de uma forma ou de outra, para sua prática.

8. Dispondo sobre a extinção da punibilidade, estabelece que a mesma terá lugar quando o agente promover espontaneamente o pagamento do tributo ou contribuição, inclusive adicional, antes do início da ação fiscal. Essa disposição põe fim à situação até agora vigente, que consiste em verdadeiro estímulo à prática de atos danosos a Erário Público, eis que ocorria extinção da punibilidade quando o agente, já tendo sido iniciada a ação fiscal, recolhia o crédito tributário, antes da decisão administrativa de primeira instância. Em alguns casos, ao delinqüente era permitido realizar o pagamento até antes do início da ação penal, para beneficiar-se com a extinção da Punibilidade."[21]

A EM nº 88 deixa claro que o legislador quis fortalecer o sistema de arrecadação tributária, coibindo a sonegação e a evasão, mediante a imposição de sanções penais ainda mais severas, bem como criando novos tipos penais, para suprir "imprecisões" e "lacunas" de leis penais tributárias anteriores. Mas, a par desse objetivo, um outro sobressai, que é a extinção da própria punibilidade pelo pagamento

---

[21] Diário do Congresso Nacional, Seção I, de 29.3.90, p. 2.227.

espontâneo do tributo ou contribuição, inclusive adicional, antes do recebimento da denúncia.

2.1.3. As figuras penais tributárias em espécie

Sempre que possível, procuramos sistematizar nossa análise dos tipos penais da Lei nº 8.137/90, a seguir enunciados, utilizando as categorias heurísticas abaixo. As observações esparsas reunimos sob a rubrica de "Generalidades". Os conceitos operacionais foram coletados em Zaffaroni e Pierangeli (1997), e Mirabete (1990), ou no próprio Código Penal.

1. *Tipo objetivo*: compreende a ação delituosa, expressa nos núcleos verbais do tipo, e todas as demais características que o legislador julgou indispensáveis para a identificação do delito, tais como o objeto, o resultado, as circunstâncias de tempo, lugar, modo, meio empregado, autor, vítima, e bem jurídico. Representa, nos tipos dolosos, a manifestação exterior da vontade do agente.[22]

2. *Objetividade jurídica*: identificação do bem jurídico objeto da proteção pela norma penal incriminadora, sem o qual, restaria inobservado o Princípio da Reserva Legal (Toledo, 1994, p.18-20), insculpido no inciso XXXIX do artigo 5º da Constituição Federal. Costuma-se classificar os crimes, no que diz respeito ao bem jurídico tutelado, em simples (um único bem jurídico), complexos (diversos bens jurídicos), de dano (exige-se efetiva lesão ao bem jurídico) e de perigo (quando há simples probabilidade de lesão ao bem).

3. *Sujeito ativo e sujeito passivo*: respectivamente, o autor *lato sensu* da conduta incriminada e o titular do bem jurídico ofendido ou ameaçado.

4. *Tipo subjetivo*: conforme Mirabete (1990, p. 141), é a carga subjetiva da conduta. Nos tipos penais, esgota-se no dolo. Noutros, no entanto, associam-se outros elementos subjetivos motivações especificadoras que se designam de elementos subjetivos do tipo.

5. *Consumação e tentativa*: consumado está o crime "quando nele se reúnem todos os elementos de sua definição legal"(art. 14, I, do CP). Já "os atos da tentativa são os que se estendem desde o momento em que começa a execução até o momento da consumação. Trata-se de uma extensão da proibição à etapa executiva do delito..." (Zaffaroni e Pierangeli, 1988, p. 3).

6. *Pena*: para Luiz Vicente Cernicchiaro (segundo Mirabete, 1990, p. 247), "a pena...substancialmente consiste na perda ou privação de exercício do direito relativo a um bem jurídico." A propósito das penas privativas da liberdade e das prisões, muito se fala de sua falência

---

[22] Nos crimes culposos, a lei não descreve a ação típica, mas o resultado, limitando-se, conforme Santos (1993, p.36), "'as adjetivações de imprudência, negligência ou imperícia, como qualidades da ação". De qualquer sorte, tais tipos não estão presentes no diploma em análise.

enquanto metodologia de repressão criminal. Maia (1999, p.41), todavia, descrê das possibilidades de êxito na aplicação das penas alternativas.

"Estas tem (*sic*) tido na prática uma aplicação classista, sendo, com freqüência, utilizadas apenas para os socialmente favorecidos, ou para os autores de crimes de 'colarinho branco' e congêneres. Por outro lado, a virtual ausência de controle e fiscalização do cumprimento das condições fixadas para a execução das penas alternativas, o mesmo ocorrendo nos casos de liberdade condicional e progressão de regime prisional de cumprimento de penas, transformaram tais medidas progressistas em indisfarçável sinônimo de impunidade."

2.1.3.1. Artigo 1º da Lei nº 8.137/90. O art. 1º da Lei nº 8.137/90 prevê cinco tipos penais de núcleos variados que constituem crimes contra a ordem tributária. O legislador, no *caput*, estabeleceu uma definição genérica do crime contra a ordem tributária, especificando, em cada um dos incisos, as condutas incriminadas, numa técnica legislativa casuística e pormenorizada.

"Art. 1º. Constitui crime contra a ordem tributária suprimir ou reduzir tributo, ou contribuição social e qualquer acessório, mediante as seguintes condutas:"

Os tipos penais do artigo 1º são denominados crimes de sonegação em sentido próprio, pois, como exige o *caput*, é fundamental a comprovação de ter ocorrido, mediante uma ou mais condutas prescritas nos seus incisos, a supressão ou redução do tributo. Os delitos do artigo 1º, malgrado certa dissenção doutrinária, são materiais. Já nos crimes do artigo 2º não se exige a supressão ou redução do tributo, pois as condutas ali previstas são de natureza predominantemente formal.[23]

Conforme a redação acima transcrita, somente haverá crime contra a ordem tributária se o agente, visando à supressão ou à redução de tributo, ou contribuição social[24] e qualquer acessório, praticar condutas

---

[23] "RHC Processual Penal – Tributário – Lei nº 8.137/90 Art. 1º e Art. 2º, I – Distinção.
A Lei nº 8.137/90 – Define crimes contra a ordem tributária, econômica e contra as relações de consumo – no art. 1º, visa a preservar a formação do crédito tributário; o art. 2º, I, por sua vez, encerra condutas fraudulentas visando ao não pagamento do tributo, ou pagamento a menor."
(RHC 5.123, STJ, SEXTA TURMA, Relator Min. Vicente Cernicchiaro, Data da decisão 17/06/1996, DJU 17/03/1997, p. 7554).

[24] O Código Tributário Nacional (Decreto-Lei nº 5.172, de 26/10/66, em seu artigo 5º, consagrou o sistema tripartite de tributos, enumerando as espécies em impostos, taxas e contribuições de melhoria. A despeito dessa divisão legal, a doutrina e a jurisprudência vêm dando tratamento tributário às contribuições, não sem que haja intensa controvérsia. Remetemos o leitor para Amaro (2000, p.55-90) ou para o Acórdão do RE nº 148754-2, STF, Relator Min. Francisco Rezek, Data da Decisão 24/06/1993, D.J.: 04/03/1994, p. 3.290, para uma visão panorâmica do debate, que, por sinal, foge em muito do escopo desta obra.

descritas em qualquer um dos incisos. Observe-se que o legislador, agilmente, tratou de escoimar qualquer dúvida quanto à aplicação da lei às contribuições sociais, que por certo chegaria aos tribunais. Todavia, pelo princípio da especialidade, tal dispositivo só incidirá se a conduta típica não estiver descrita na legislação sobre crimes previdenciários.[25] Ainda, com relação ao acessório a que se refere o *caput*, entenda-se como a obrigação acessória aquela referida no artigo 113 do CTN, desde que tenha valor pecuniário, como as multas, por exemplo.

O artigo prevê várias condutas delitivas, por meio das quais o tributo poderá ser suprimido total ou parcialmente. Paulo José da Costa Jr. (Denari e Costa Jr., 1998, p. 115) destaca a síntese feita por Hector Villegas: "Trata-se de manobras intencionalmente dirigidas a iludir a administração tributária, produzindo uma falsa imagem da realidade. Manifestam-se elas mediante simulação, ocultação ou qualquer outra prática ardilosa. Todas essas situações revelam, como característica comum, a circunstância de objetivarem lograr o lesado".

A maior parte dos autores consultados concorda, à exceção de Ferreira (1996, p.52), em afirmar que as modalidades de delitos previstos nesse artigo são de resultado[26] (assim, por exemplo, em Denari e Costa Jr., 1998, p. 131),[27] isso é, só se aperfeiçoam com a supressão, total ou parcial, do tributo. Em se tratando de delitos dessa natureza, com *iter criminis* fracionável, vislumbra-se como possível a modalidade tentada, desde que a conduta não seja omissiva. Decomain (1995, p 47) considera que os crimes previstos neste artigo admitiriam a desistência voluntária, no que é refutado por Costa Jr. (Denari e Costa Jr., 1998, p. 115), já que, se o agente "...desistir voluntariamente de praticar a fraude realizada, recolhendo aos cofres, na data do vencimento do tributo, a quantia devida,..., não há que falar em crime algum."

"I - omitir informação, ou prestar declaração falsa às autoridades fazendárias"

Tipo objetivo: a conduta delitiva prevista neste inciso desdobra-se em duas falsidades ideológicas, conjugadas ao não-pagamento do tributo: uma omissiva, consistente na ocultação da informação à autoridade fazendária; e outra comissiva, que consiste na prestação de informação adulterada com conteúdo inverídico. Silva (1998, p. 188) resume o conteúdo do núcleo do tipo como sendo a sonegação fiscal,

---

[25] Lei nº 8.212/91, Lei nº 8.213/91 e Lei nº 9.983/2000.

[26] No crime material, ou de resultado, há necessidade de um resultado externo à ação, que se destaca lógica e cronologicamente da ação; no crime formal não há necessidade de realização daquilo que é pretendido pelo agente, e o resultado previsto no tipo ocorre inexoravelmente enquanto se desenrola a conduta, e no crime de mera conduta a lei não exige qualquer resultado naturalístico, contentando-se com a conduta do agente (Mirabete, 1990, p. 134).

[27] O debate sobre o assunto pode ser acompanhado em Martins, 1998.

associada à falsidade ideológica ou material. Na modalidade omissiva, impõe-se a vigência de um dever de prestar a informação. Tal dever, por certo, deve ter previsão legal, pelo princípio da legalidade estrita, sendo insuficiente, para conseqüências penais, que a previsão tenha fulcro em norma infralegal. A bibliografia salienta também que a informação omitida deve ter relevância suficiente para afetar a surgimento da obrigação tributária. A segunda conduta típica consiste numa falsidade ideológica. Aqui o agente insere elementos inexatos na informação prestada, alterando o *quantum* da obrigação tributária.

Objetividade jurídica: especificamente, o bem jurídico tutelado é a arrecadação fazendária de qualquer um dos entes políticos. Conforme Corrêa (1994, p.89), "a criminalização tem por objetivo evitar que, através de ações dessa natureza, seja a Fazenda Pública fraudada no que respeita aos valores [dos tributos] a que tem direito de receber...".

Sujeitos ativo e passivo: O sujeito ativo do tipo penal é o sujeito passivo da obrigação tributária. Nas hipóteses em que a lei tributária, no interesse da arrecadação, nomear como responsável pelo recolhimento do tributo pessoa que não tem relação direta com a situação que constitui o respectivo fato gerador,[28] como as mencionadas nos artigos 131, 134 e 135 do CTN, Silva (1998, p. 191) entende que não responderão pelas conseqüências penais da evasão fiscal, porquanto não há como responsabilizá-los objetivamente. O sujeito passivo é o Estado, representado pela Fazenda Pública de cada um dos entes públicos federados.

Tipo subjetivo: o elemento subjetivo do tipo é o dolo genérico de omitir a informação ou de prestá-la com elementos inverídicos, conjugado com o dolo específico consistente na vontade orientada para a supressão de tributo.

Consumação e tentativa: trata-se de matéria abordada de forma bastante divergente na bibliografia consultada. Ferreira (1996, p.52) parece ser o que diverge mais fortemente dos demais, ao propor que "a consumação ocorre com a omissão da informação ou com a prestação da declaração falsa, não se exigindo a produção de qualquer dano ou resultado naturalístico, bastando que a conduta seja capaz de gerar prejuízo ao estado...". Considera, aliás, no que é acompanhado por Stoco (1992, 347), que, por se tratar de delitos de mera conduta, não é admissível a tentativa. Moraes e Smanio (1998, p. 88), de forma mais coordenada com os demais autores, consideram que, nas modalidades de delitos materiais, como é o caso em comento, a mera prática da conduta incriminada não basta para o aperfeiçoamento do delito. Exige-se o resultado danoso, que só se verificará com o vencimento do prazo para o recolhimento do tributo, sem que o agente o faça

---

[28] Definição de contribuinte dada pelo art. 121, parágrafo único, do CTN.

integralmente. Já para Costa Jr. (1998, p. 120) a consumação ocorrerá quando o agente deixar de prestar a informação no prazo devido, ou prestá-la de modo adulterado, obtendo com isso vantagem ilícita.

É axiomático que a modalidade omissiva não admite a possibilidade de tentativa, mesmo porque, se o agente arrepender-se e recolher integralmente o tributo não responderá por crime algum. Se, por algum meio, a conduta, na forma comissiva, puder ser fracionada, admitir-se-á a tentativa (nesse sentido, Decomain, (995, p. 47) e Denari e Costa Jr. (1998, p.120), proposição refutada por Silva (1998, p.192) com base na unissubsistência[29] da conduta de prestação de informação falsa, que deve subsumir-se às regras do *falsum*, e por Rui Stoco (1992, p. 347), para quem a tentativa é inadmissível em qualquer das figuras delitivas contempladas pela Lei nº 8.137/90).

"II – fraudar a fiscalização tributária, inserindo elementos inexatos, ou omitindo operação de qualquer natureza, em documento ou livro exigido pela lei fiscal".

A conduta incriminada no inciso II já se acha incluída no inciso I, vez que quem omite operação oculta informação do Fisco, e quem presta declaração falsa insere elementos inexatos em sua escrituração contábil. Mesmo assim, "...a norma não deve ser considerada redundante, uma vez que aclara hipóteses fáticas que venham a apresentar-se." (Silva, 1998, p. 196, e Denari e Costa Jr., 1998, p. 120).

Tipo objetivo: o núcleo do tipo encontra-se nos verbos "inserir" (elementos inexatos) e "omitir" (operação de qualquer natureza na escrituração fiscal). Não se trata de qualquer modalidade de fraude, mas sim, daquela cometida mediante a inserção ou omissão maliciosa de operação tributável nos livros fiscais de escrituração obrigatória, a fim de reduzir ou suprimir tributo. A primeira parte do tipo descreve conduta comissiva: inserir elementos inexatos que, além de enganar o Fisco, logrem a supressão ou redução da obrigação tributária. A segunda parte contém natureza omissiva, consistente em omitir da escrituração fiscal operação que, se inserida, majoraria o tributo, isso é, trata-se aqui de omissão de caráter relevante para a constituição da obrigação tributária.[30]

Objetividade jurídica: Silva (1998, p. 197) aponta que a finalidade da norma é a tutela da obrigação do contribuinte de ser meticuloso e

---

[29] A conduta unissubsistente, conforme Mirabete (1990, p.133,) "é una, indivisível, como na injúria ou ameaça orais (arts. 140 e 147 do CP), o uso de documento falso (art. 304) etc.. Tais crimes não permitem o fracionamento da conduta, e é inadmissível a tentativa deles".

[30] Exemplos de condutas: a) o faturamento foi de $2 milhões e lança-se na contabilidade $1 milhão (comissivo); b) no lançamento do IPI, cobrou-se de terceiros $1 milhão, mas registra-se no Livro de Apuração do IPI movimentação de apenas $500 mil (comissivo); c) IPI: saíram do estabelecimento industrial $ 1 milhão em produtos industrializados, mas não se escrituraram todas as operações (omissivo).

verídico, não só no pagamento dos tributos, senão também no registro de seus atos em livros e documentos do interesse do Fisco. Vê-se, pois, que a norma quer tutelar, especialmente, a credibilidade dos livros contábeis e fiscais, que devem retratar a veracidade dos atos e fatos administrativos das atividades comercial e industrial (Corrêa, 1994, p. 105).

Sujeitos ativo e passivo: quanto ao sujeito ativo, valem as considerações feitas para o inciso anterior, isso é, só pode ser o contribuinte. Os responsáveis só respondem pelo recolhimento do tributo, e não pelas conseqüências penais do não-pagamento, a menos que fique demonstrada sua inserção na linha causal do fato e sua vinculação subjetiva a ele. O sujeito passivo, a exemplo dos demais tipos da Lei nº 8.137/90, é o Estado titular da competência tributária, representado pela Fazenda Pública respectiva.

Tipo subjetivo: O elemento subjetivo do injusto está expresso no *caput* do artigo. Exige-se que as condutas elencadas em todos os seus incisos sejam praticadas com o fim de reduzir ou suprimir tributo, sem o que a figura típica não se perfectibilizará.[31]

Consumação e tentativa: Para Silva (1998, p. 201), como a figura do art. 299 do CP, o *falsum* ideológico do inciso II não comporta tentativa, em função também da unissubsistência da conduta. Assim, a inserção de elementos inexatos na escrituração, ou a omissão de uma operação, ocorre num único ato, sendo impossível desdobrá-lo no tempo. Costa Jr., (Denari e Costa Jr., 1998, p.122) parece conceber possibilidades de fracionamento da conduta, pois afirma possível a forma tentada. Na figura comissiva, a consumação não se dá pela mera inserção dos elementos inexatos, mas somente após a homologação do lançamento pelo Fisco, momento em que se concretizará a fraude e a obtenção da vantagem ilícita. Para esse autor (p.201), não há falar em tentativa se o Fisco rejeitar o lançamento baseado em elementos inexatos. A conduta omissiva, por sua vez, consuma-se quando o agente omitir o fato relevante e tiver seus lançamentos homologados pelo Fisco (nesse sentido, Corrêa, 1994, p. 110).

"III – falsificar ou alterar nota fiscal, fatura, duplicata, nota de venda, ou qualquer outro documento relativo à operação tributável".

---

[31] Curiosa a dissensão encontrada na bibliografia a respeito do tratamento que a Lei nº 8.137/90 deu a matéria, em comparação com aquele dado pela Lei nº 4.729/65. Enquanto Silva (1998, p.200) elogia a superioridade técnica do legislador de 1965, que incluiu "...na fatispécie o elemento subjetivo em todas as figuras da sonegação...", lamentando que "...o legislador [de 1990] não tenha explicitado,..., o elemento subjetivo do tipo, evitando destarte fúteis e anódinas discussões em casos concretos.", Stoco (1992, p.546), ao comentar o mesmo assunto, considera que "...a redação atual da lei que define os crimes contra a ordem tributária é muito superior à anterior lei que definia os crimes de sonegação fiscal."!

Assim como o anterior, o inciso III trata de um *falsum*, que, para Corrêa (1994, p. 115) poderá assumir tanto a modalidade material como a ideológica, posição refutada por Silva (1998, p.204), que considera que o dispositivo só trata da modalidade material, vez que a ideológica já teria sido tratada no inciso anterior. O autor salienta ainda a autonomia do delito de falso, que não fica adstrito à verificação de prejuízo efetivo: "Basta o *falso*, independentemente de qualquer conotação tributária, e o agente já está, em tese, incurso nas penas dos arts. 298 ou 299 do Código Penal, quer visasse subtrair-se ao pagamento de tributo, quer não".(Silva, 1998, p. 205).

Tipo objetivo: aqui o tipo é informado pela conjugação de duas condutas: a prevista no *caput* (suprimir ou reduzir tributo), e a falsidade relativamente a operações passíveis de tributação, que se resumiria numa sonegação fiscal qualificada através do cometimento de uma falsidade.[32]

Objetividade jurídica: o dispositivo tutela a arrecadação pública. A norma visa a preservar a correção e a lisura das operações que configuram fatos geradores dos tributos, ao contrário do que acontece com as hipóteses de falsidade incriminadas na lei comum, que tutela a fé pública.

Sujeitos ativo e passivo: repetem-se aqui as mesmas observações feitas aos incisos anteriores: o sujeito ativo é o contribuinte de cada tributo considerado. Nas hipótese de nomeações legais de responsáveis, estes só serão incriminados se demonstrada sua participação, matéria de fato e de prova, só verificável no caso concreto. O sujeito passivo, da mesmo forma, é o Estado, personificado em cada um dos entes federativos, no âmbito de suas respectivas competências tributárias.

Tipo subjetivo: tal como nos outros tipos do artigo, o do inciso III também exige o dolo específico, não bastando o dolo genérico. É necessário, portanto, além da simples vontade consciente e livre de proceder à falsificação ou à alteração do documento fiscal, que o agente vise ao não pagamento ou à redução do tributo.

Consumação e tentativa: consuma-se o delito com a obtenção da vantagem ilícita, consistente na supressão, total ou parcial, do pagamento do tributo devido, mediante a falsificação ou alteração do

---

[32] Importante, neste ponto, conceituarmos as fraudes mais freqüentemente verificadas: a nota "calçada", que ocorre quando a 1ª via da nota (a que fica no talonário) tem um valor e as demais contêm valor diverso, visando ao subfaturamento das receitas e, por via de conseqüência, a um menor pagamento de tributos; a nota "sanfona", que dá cobertura a mais de uma operação efetiva de fornecimento de mercadorias, bens ou serviços (cobrindo, assim, saídas sem a emissão da devida nota fiscal); a nota "fria", que consiste na emitida sem correspondência a qualquer operação mercantil, com o fito de superfaturar custos e reduzir resultados operacionais tributáveis, e a "nota paralela", que é uma "clonagem" de uma nota fiscal idônea. Ver Apêndice: Condutas Ilícitas.

documento. Nas duas modalidade do tipo, admite-se a forma tentada, já que a ação pode ser desdobrada nas etapas de cogitação, preparação, execução e consumação.[33]

"IV – elaborar, distribuir, fornecer, emitir ou utilizar documento que saiba ou deva saber falso ou inexato".

Trata-se aqui, mais uma vez, de falsidade documental, ainda que, como salientado por Silva (1998, p. 208), "...adotando fórmula imperfeita e até ilógica, centrada em cinco núcleos verbais...", em linguagem claramente redundante. Elaborar documento que se saiba falso é o mesmo que o falsificar, conduta já incriminada no inciso anterior. A condição "ou deva saber falso ou inexato" deve ser entendida como não escrita (Silva, 1998, p.210), porquanto estabelece uma presunção *ex lege* do dolo. Todavia, Costa Jr. diverge. Para este autor "...o tipo penal, ao admitir a possibilidade de o agente dever saber, por circunstâncias objetivas presentes, da falsidade ou da inexatidão do documento..." admitiu expressamente o dolo eventual (Denari e Costa Jr., 1998, p. 128).

Tipo objetivo: o inciso IV pune condutas tendentes a pôr em circulação documento falso, relacionado com a sonegação prevista no *caput*. A modalidade "elaborar" recebe o mesmo tratamento dado à falsidade do inciso anterior. "Distribuir", "fornecer" e "emitir", ainda que este último termo possa ser objeto de concepção jurídica, em matéria de títulos de crédito, por exemplo, deve-se compreendê-los na acepção de "fazer circular", "pôr em circulação". O núcleo verbal "utilizar" é juridicamente muito mais significativo, porque é a conduta que vai ensejar o não-pagamento do tributo. Desnecessário dizer – e a lei deveras não o faz – que o documento a que se refere o inciso só é aquele que se relacionar com a obrigação tributária.

Objetividade jurídica: o inciso IV tem a finalidade de, mais uma vez, proteger o erário público, evitando que a arrecadação seja prejudicada pela circulação de documentos falsos ou inexatos, uma vez que a proliferação desses documentos impossibilita, mesmo com o uso da informática, o cruzamento de informações pela Fiscalização.

Sujeitos ativo e passivo: o sujeito ativo será qualquer pessoa, e não apenas o contribuinte, que se beneficiar economicamente da falsificação, admitindo-se, destarte, o concurso de agentes ou a participação nos moldes do artigo 29 do CP. A compra de notas frias se subsume ao presente tipo penal. Responderão pelo ilícito não somente quem as vendeu, como também aqueles que as compraram e que delas se serviram, com o fito de reduzir ou suprimir tributos.

---

[33] O exemplo dado por Côrrea (1994, p. 118) é o do motorista encarregado de transportar mercadoria ao amparo de nota falsa ou com elementos inexatos, que se recusa a fazê-lo, comunicando o fato à Fiscalização.

Tipo subjetivo: o elemento subjetivo do tipo é o dolo genérico, representado pela vontade livre e consciente de infringir a lei, pela elaboração, distribuição, fornecimento, emissão ou utilização de documento que o agente saiba ou deva saber falso ou inexato, acoplado ao dolo específico de obter vantagem ilícita, pela supressão ou redução do tributo.

Consumação e tentativa: consuma-se o crime no momento em que o documento foi elaborado, distribuído, fornecido, emitido ou utilizado, propiciando ao agente a vantagem ilícita, isso é, há que estar presente ambos os segmentos do tipo legal: a sonegação e a elaboração, distribuição etc. A tentativa, em princípio, é impossível, haja vista a unissubsistência das condutas, sem que se possa discernir um *iter* suscetível de interrupção por motivos alheios ao agente.

"V – negar ou deixar de fornecer, quando obrigatório, nota fiscal ou documento equivalente, relativa a venda de mercadoria ou prestação de serviço, efetivamente realizada, ou fornecê-la em desacordo com a legislação.

Pena – reclusão, de 2 (dois) a 5 (cinco) anos, e multa".

Tipo objetivo: o tipo em estudo alberga conduta omissiva, consistente na violação do dever legal de fornecer documentos relativos a operações mercantis ou de prestação de serviços, e conduta de índole comissiva, quando o agente fornece nota fiscal, ou documento equivalente, ao arrepio da legislação fiscal vigente. O tipo prevê ainda, como elemento imprescindível à caracterização do delito, a obrigatoriedade do fornecimento da nota fiscal e que a operação comercial (venda ou prestação de serviço) tenha sido efetivamente realizada.

Objetividade jurídica: o bem jurídico tutelado pela norma do inciso V é novamente o erário público, aqui representado pela Fazenda Pública da União, dos estados-membros e dos municípios, haja vista que a arrecadação do IPI, do ICMS e do ISSQN depende fundamentalmente da emissão de nota fiscal pelo contribuinte a cada ato tributável.

Sujeitos ativo e passivo: só pode ser o contribuinte obrigado a emitir nota fiscal ou documento equivalente. Questões como participação e co-autoria não podem ser deslindadas aprioristicamente. O sujeito passivo é o estado-membro (ou o Distrito Federal) ou o município titular da competência tributária.

Tipo subjetivo: o dolo específico do inciso consiste na vontade livre e consciente de suprimir total ou parcialmente o pagamento do tributo mediante a omissão no fornecimento de nota fiscal, ou fornecendo-a em desacordo com a legislação.

Consumação e tentativa: O crime aperfeiçoa-se com a simples omissão de emissão da nota, ou com sua emissão irregular, desde que o contribuinte venha a suprimir tributo. Para Silva (1998, p. 216), "cuidando-se de ações, omissiva uma e unissubsistente a outra, a tentativa apresenta-se conceptualmente impossível'.

"Parágrafo único. A falta de atendimento da exigência da autoridade, no prazo de 10 (dez) dias, que poderá ser convertido em horas em razão da maior ou menor complexidade da matéria ou da dificuldade quanto ao atendimento, caracteriza a infração no inciso V".

É sabido que a Administração Tributária tem legalmente o direito de examinar qualquer livro ou documento da empresa, no interesse da fiscalização.[34] Vem, agora, o legislador criminalizar a recusa ou a omissão injustificadas no atendimento de exigência regular da autoridade fazendária. De redação pouco clara (Decomain, 1995, p. 74), contrariando todas as técnicas legislativas (Denari e Costa Jr., 1998, p.130), ou de conteúdo francamente inconstitucional (Silva, 1998, p. 217), o dispositivo merece todavia ser analisado.

Tipo objetivo: o dispositivo é impróprio porque não trata da negativa de fornecimento de nota fiscal ou documento equivalente, mas à recusa de atendimento às exigências da autoridade fazendária durante a fiscalização, não guardando, por essa razão, qualquer relação com o inciso V.[35] A conduta prevista no dispositivo em análise configura crime omissivo próprio de desobediência, à semelhança do previsto no artigo 330 do CP.

"O crime previsto pelo parágrafo, diferentemente do que ocorre com os dos incisos do *caput* do artigo 1º, é meramente formal. Descumprida a exigência legal da autoridade fazendária,..., configurado estará o ilícito, independentemente da efetiva ocorrência do prejuízo ao erário. Mesmo que se apure, ao final, a inexistência de débito tributário, não deixará de ter ocorrido o crime." (Decomain, 1995, p. 79).

Objetividade jurídica: não se cuida aqui, efetivamente, do crédito tributário. O objetivo jurídico da tutela é justamente o de preservar a dignidade da Administração e a proteção do exercício da fiscalização tributária e da atividade estatal de arrecadação de tributos.

Sujeitos ativo e passivo: tratando-se de crime próprio[36] ou especial, o sujeito ativo do mesmo será necessariamente o contribuinte, que

---

[34] Ao amparo, por exemplo, dos artigos 195 e 197 do CTN. Há, todavia, previsão dessa mesma natureza em quase todos os regulamentos dos diversos tributos.

[35] No entender de Decomain (1995, p.76), a utilidade da remissão ao inciso V é meramente a de definir a pena de que se torna passível o sujeito ativo do delito previsto neste parágrafo único, que, na verdade, deveria figurar em artigo distinto da lei, "...mais claramente formulado e com raiz no crime de desobediência...".

[36] Os crimes próprios são aqueles que exigem ser o agente portador de uma capacidade especial; crime comum pode ser praticado por qualquer pessoa (Mirabete, 1990, p. 135).

tem a obrigação de exibir os documentos requisitados. O sujeito passivo é a administração tributária.

Tipo subjetivo: para a caracterização do tipo, além do dolo genérico, consistente na vontade consciente e livre de não atender às exigências feitas pela autoridade, exige-se o dolo específico de suprimir ou reduzir tributo. Inexistindo a finalidade especial do *caput* do artigo 1º, a conduta subsumir-se-á ao tipo de desobediência do Código Penal.

Consumação e tentativa: Crime omissivo próprio, sua consumação dá-se com o mero desatendimento à exigência da autoridade tributária sem justificativa razoável, após o decurso do prazo assinalado para o atendimento. Sendo crime omissivo, não admite a modalidade tentada.

Penas: a sanção prevista na lei, para todos os cinco tipos de infração, é a de reclusão, de dois a cinco anos, cumulada com multa, que será objeto de comentários em seção própria. Evidentemente, por tratar-se de pena privativa de liberdade mínima superior a 1 (um) ano, não há possibilidade de suspensão condicional do processo instituída no artigo 89 da Lei nº 9.099/95.

2.1.3.2. Artigo 2º da Lei nº 8.137/90

"Art. 2º Constitui crime de mesma natureza:"

Enquanto os delitos do artigo 1º configuram, segundo o entendimento da doutrina mais qualificada, crimes materiais ou de dano, vez que a lei exige o resultado naturalístico da supressão ou redução do tributo para o seu aperfeiçoamento, no art. 2º não se exige a ocorrência do resultado para a consumação das condutas, tratando-se de crimes formais (assim, por exemplo, Moraes e Smanio, 1998, p. 101, Denari e Costa Jr. 1998, p. 132). A alusão ao dolo específico ("para eximir-se do pagamento de tributo") não significa o mesmo que prever um resultado para o fato punível, constituindo apenas em elemento subjetivo do tipo.

Ainda de se apontar que eventual conflito entre a norma do artigo 1º com a ora em análise deverá ser solucionado pelo aplicador da lei, procedendo a uma meticulosa análise dos elementos fáticos do caso concreto: se houve sonegação, capitulará o fato no artigo 1º; em não havendo, ou perante dúvida insuperável, no artigo 2º.

"I – fazer declaração falsa ou omitir declaração sobre rendas, bens ou fatos, ou empregar outra fraude, para eximir-se, total ou parcialmente, de pagamento de tributo".

Tipo objetivo: a conduta essencial do tipo em análise consiste no emprego da fraude para eximir-se do pagamento do tributo, abarcando três ações: fazer declaração falsa, omitir declaração sobre rendas ou fatos e empregar outra fraude para a mesma finalidade. A enumeração das condutas fraudulentas é meramente exemplicativa. Evidentemente, as rendas, bens ou fatos omitidos, ou falsamente declarados devem ter relevância tributária. Além disso, salienta-se, a conduta comissiva ou omissiva do agente deve ser apta para permitir a supressão ou redução do tributo.[37]

Objetividade jurídica: o tipo em questão almeja proteger a arrecadação de tributos, tentando dissuadir o contribuinte de fazer declarações falsas, omitir declarações e empregar fraudes, a fim de eximir-se do pagamento de tributos.

Sujeitos ativo e passivo: o sujeito ativo será qualquer contribuinte, devedor do tributo. O não-contribuinte só poderá ser sujeito ativo se em concurso de pessoas. O funcionário público no exercício da função fiscalizadora, por exemplo, que adere conscientemente à atividade do sonegador, permitindo que a fraude atinja a sua fase final e se consume, sem interrompê-la, será co-partícipe no delito. O sujeito passivo é a pessoa jurídica de direito público interno arrecadadora do tributo cujo pagamento o devedor pretende criminosamente reduzir.

Elemento subjetivo do tipo: é o dolo genérico, consistente na intenção consciente e livre do agente de fazer uma declaração falsa, de omitir declaração de rendas, bens ou fatos, ou empregar qualquer outro meio fraudulento. Além desse dolo genérico, a norma requer ainda a presença de dolo específico de eximir-se do pagamento de tributo mediante a conduta fraudulenta. Corrêa (1994, p. 165) considera que o tipo é norma penal em branco, "...já que tem como elemento subjetivo do injusto o não-pagamento de tributo". Costa Jr. (Denari e Costa Jr., 1998, p.133) não vislumbra o tipo em questão, nem considera elemento subjetivo do tipo o não-pagamento do tributo, mas sim o dolo específico.

Consumação e tentativa: o crime aperfeiçoa-se quando o agente empregar o meio fraudulento, com a finalidade de eximir-se do pagamento do tributo. Como já frisado anteriormente, caso a prática dolosa acarrete efetivo prejuízo ao fisco, a conduta subsumir-se-á àquela prevista no artigo 1º, desde que a fraude utilizada corresponda a alguma das elencadas nos incisos daquele artigo. Com relação à possibilidade da forma tentada, ensina Silva (1998, p. 222) que a forma omissiva ("omitir declaração...") não a admite, por definição. Na modalidade comissiva de "fazer declaração falsa", tampouco, já que não há um *iter* a ser percorrido pelo agente que possa ser interrompido: a declaração se faz ou não. A tentativa, em tese, é admissível na

---

[37] Um exemplo freqüente de conduta: omissão de inclusão, na DIRPF, de bens sem origem, isso é, adquiridos com rendimentos não declarados.

modalidade de "empregar outra fraude", se o meio fraudulento empregado for suscetível de percurso escalonado.

"II – deixar de recolher, no prazo legal, valor de tributo ou de contribuição social, descontado ou cobrado, na qualidade de sujeito passivo de obrigação e que deveria recolher aos cofres públicos".

Incrimina-se aqui a apropriação indébita de tributo cometida por aquele que, muito embora não fosse o contribuinte, tinha, como responsável e depositário da Fazenda Pública, o dever legal de recolhê-lo. O legislador valeu-se da forma omissiva "deixar de recolher" a fim de contornar a dificuldade de aferição do momento em que se caracteriza a apropriação. Deve-se frisar, contudo, que o tipo não se confunde com aquele do art. 168 do Código Penal. No inciso II, independe o motivo do eventual não-recolhimento: basta o fato (formal) da retenção do tributo sem o devido recolhimento no prazo legal. Não se perquirirá se o agente inverteu ou não a posse do montante recolhido.

Tipo objetivo: o tipo cinge-se a uma única conduta: omissão do recolhimento, no prazo previsto pela legislação fiscal, de valor de tributo, descontado ou cobrado pelo responsável do contribuinte. O dispositivo contempla conduta de natureza exclusivamente omissiva.[38]

Objetividade jurídica: o dispositivo protege uma obrigação tributária típica, consistente no pagamento em dinheiro, do qual o responsável é tido como depositário.

Sujeitos ativo e passivo: é o responsável legal pelo desconto e recolhimento do tributo respectivo,[39] e não o contribuinte propriamente dito. O sujeito passivo é a pessoa jurídica de direito público titular da competência tributária.

Elemento subjetivo do tipo: é o dolo genérico – vontade livre e consciente de não recolher aos cofres públicos o valor do tributo que foi descontado -, na medida em que o tipo não prevê finalidade específica para a conduta do agente, que tampouco pode ser deduzida da fatispécie legal. É indiferente, portanto, o fim subjetivo da ação. Não se exige o *animus rem sibi habendi.* Na opinião de Silva (1998, p. 226), "...o mero esquecimento, se provado, afasta a culpabilidade, que pressupõe indubitavelmente o dolo".

Consumação e tentativa: consuma-se o crime com o não-recolhimento do tributo ou contribuição no prazo legal. Necessário o escoa-

---

[38] Exemplo dessa conduta: não-recolhimento do IRRF retido da folha de pagamento de salários; não-recolhimento do IPI descontado de terceiros; não-recolhimento do IOF e da CPMF cobrados em operações financeiras, sem o repasse aos cofres públicos.

[39] Responsável é o sujeito passivo da obrigação tributária que, sem revestir a condição de contribuinte, por não ter relação pessoal e direta com o fato gerador, tem seu vínculo com a obrigação decorrente de dispositivo expresso em lei (Machado, 1998, p.104)

mento do prazo para o recolhimento do tributo, independentemente de qualquer providência do Fisco. Cogitando-se de ação omissiva, não há falar em tentativa.

"III – exigir, pagar ou receber, para si ou para contribuinte beneficiário, qualquer percentagem sobre a parcela dedutível ou deduzida de imposto ou de contribuição de imposto ou de contribuição como incentivo fiscal;"

Aponta-se a semelhança do inciso em tela com o V da Lei nº 4.729/65. Neste, abrangia-se somente o imposto de renda; na lei atual, todo e qualquer imposto ou contribuição. Pimentel (1973, p. 216) já salientou que o inciso V alcançava as instituições financeiras oficiais ou privadas que arrecadassem as parcelas correspondentes aos incentivos fiscais, bem como os intermediários que, em seu nome, praticassem qualquer das condutas definidas no inciso. Tal observação continua aplicável à lei atual: o inciso III pune quem se aproveita dos mecanismos de concessão de benefícios fiscais, sempre complexos e burocráticos, para levar vantagens. Conforme Silva (1998, p. 228), o inciso "...tem algo da extorsão e da corrupção passiva, porém não tipifica crime funcional."

Tipo objetivo: o inciso III engloba três condutas: "exigir" percentagem sobre a parcela dedutível ou deduzida de imposto ou contribuição como incentivo fiscal; "pagar" essa mesma percentagem, ou "recebê-la" para si ou para contribuinte beneficiário. Pode-se perceber que a obtenção de vantagem pecuniária não é elementar do tipo, pois quem paga, em princípio, não obtém vantagem. Indiferente também qual seja o percentual exigido, pago ou recebido, conquanto que seja do valor do tributo. Na conduta "exigir", o crime é formal, abstraído do resultado material da conduta; nas demais ("pagar" e "receber"), é material, pressupondo o pagamento ou o recebimento da percentagem.[40] A modalidade "pagar" corresponde à corrupção ativa, prevista nos crimes contra a Administração Pública. A modalidade representada pelo verbo "receber" corresponde à conduta desenvolvida pelo funcionário público no crime de corrupção passiva.

Objetividade jurídica: incentivos fiscais são medidas de exoneração tributária de cunho extrafiscal pelas quais o governo procura provocar a expansão econômica de uma determinada região (Nogueira, 1986, p. 205). Em geral, o governo renuncia a parcela do tributo em favor do contribuinte, que, em troca, deverá realizar algo geralmente de natureza econômica. Para resguardar o normal funcionamento

---

[40] Caso a vantagem não seja em percentual do valor do imposto ou da contribuição, mas, por exemplo, quantia em dinheiro exigida, paga ou recebida em função da concessão ou obtenção do incentivo fiscal, mas não em percentual deste, entende-se que não se perfará a figura delitiva, porquanto a expressão *percentagem*, em linguagem comum ou técnica, tem acepção bem precisa.

desses mecanismos, evitando que os beneficiários, ou terceiros, se locupletem ilicitamente, a norma inscrita no inciso III tutela o interesse do Governo e do Fisco.

Sujeitos ativo e passivo: o sujeito ativo pode ser qualquer intermediário do sistema de benefícios fiscais, em empresas ou instituições públicas ou privadas.[41] O sujeito passivo é a pessoa jurídica de direito público instituidora do incentivo fiscal.

Elementos subjetivos do tipo: é o simples dolo genérico, apesar do silêncio da norma, consistente na vontade livre e consciente de exigir, pagar ou receber um percentual sobre a parcela dedutível ou deduzida do tributo, sendo indiferente ao tipo a consecução da vantagem.

Consumação e tentativa: o crime está consumado quando ocorre a exigência, o pagamento, ou o recebimento do percentual. Não se exige que seja alcançado o resultado querido, ou seja a dedução efetiva do tributo a título de incentivo fiscal, bastando que seja assinalada pelo agente a parcela dedutível do mesmo, para a consumação. Eventual vantagem patrimonial constituirá mera fase de exaurimento do crime. Na modalidade "exigir", em princípio, poderá ocorrer a modalidade tentada, ainda que não concebida por parte dos autores (Moraes e Smanio, 19998, p.106, ilustram a possibilidade com o caso de uma exigência feita por carta interceptada antes de chegar ao conhecimento do destinatário). As demais condutas, por admitirem desdobramento temporal da ação, são passíveis de tentativa.

> "IV – deixar de aplicar, ou aplicar em desacordo com o estatuído, incentivo fiscal ou parcelas de imposto liberadas por órgão ou entidade de desenvolvimento".

O inciso em tela cuida de resguardar a correta aplicação de recursos oriundos da renúncia fiscal, na destinação prevista na lei ou no contrato.

Tipo objetivo: incriminam-se aqui duas condutas: uma omissiva ("deixar de aplicar") e outra comissiva ("aplicar" em desacordo com o estatuído). Na primeira, não é exigível que haja apropriação pelo contribuinte das parcelas liberadas, bastando simplesmente que deixe de aplicá-las. Trata-se, portanto, de crime formal, totalmente independente de resultado. Na segunda modalidade, o crime é comissivo e se manifesta pelo desvio do numerário da atividade onde deveria ter sido aplicado.

---

[41] Se for funcionário público, o delito não será necessariamente esse, mas um dos elencados no artigo 3º dessa mesma lei, ou os da legislação comum – arts. 316 e 317 do CP. Aliás, Silva (1998, p. 229) salienta que os tipos previstos no Capítulo I do Título XI do CP compõem "...um espectro de figuras muito mais lógico e abrangente de que as três modalidades de ação criminal descritas na fatispécie do inciso III do artigo 2º...", em geral, de núcleos muito restritivos em face das formas que podem assumir as fraudes contra o sistema de concessão de incentivos fiscais.

Objetividade jurídica: a norma tutela a correta utilização dos incentivos fiscais. O beneficiário do programa de incentivos deverá empregar os recursos que lhe forem liberados de acordo com as determinações da lei ou do contrato de concessão.

Sujeitos ativo e passivo: o sujeito ativo do crime é o beneficiário do incentivo fiscal, que não o aplica de acordo com o estatuído em lei ou em avença entre as partes; o sujeito passivo é a pessoa jurídica de direito público instituidora do tributo ao qual está relacionado o incentivo fiscal.

Elementos subjetivos do tipo: é, mais uma vez, o dolo genérico, consistente na vontade livre e consciente de deixar de aplicar o incentivo fiscal, ou aplicá-lo em desacordo com o estatuído. Em não havendo previsão de modalidade culposa, aquele que incorrer nas condutas previstas na norma por negligência, imprudência ou esquecimento não estará cometendo o delito.

Consumação e tentativa: o crime estará consumado quando expirar o prazo previsto na lei ou no contrato para a aplicação dos recursos liberados como incentivo fiscal, sem que o agente o faça. Na modalidade omissiva, logicamente, a forma tentada é impossível; a modalidade comissiva, por ser unissubsistente, também não admite a forma tentada: a aplicação irregular ocorre, ou não.

"V – utilizar ou divulgar programa de processamento de dados que permita ao sujeito passivo da obrigação tributária possuir informação contábil diversa daquela que é, por lei, fornecida à Fazenda Pública.

Pena – detenção, de 6 (seis) meses a 2 (dois) anos, e multa."

Tipo objetivo: o conteúdo do tipo é a incriminação do ato de utilização ou de divulgação de programa de informática que permita ao contribuinte ou responsável possuir informação contábil paralela, diversa daquela que é fornecida à Fazenda Pública, vulgarmente conhecida como "caixa 2". As duas condutas, comissivas, guardam semelhança à falsidade ideológica. Pela primeira, será incriminado o sujeito passivo da obrigação tributária que se utilizar de programa de processamento de dados que escriture contabilidade paralela àquela ostentada perante o Fisco. Caso tal conduta sirva unicamente como meio fraudulento para a sonegação, estará absorvida pelas condutas previstas no artigo 1º. Somente nas hipóteses em que estas não venham a ocorrer é que será punida autonomamente. A conduta "divulgar" é crime de perigo abstrato, já que, ainda que nenhum interessado venha utilizar-se do programa, tendo ele o potencial de adulterar a escrituração que será apresentada ao Fisco, a sua divulgação já configura o crime.

Objetividade jurídica: a norma visa a tutelar o correto emprego da informática, evitando-se a utilização maliciosa de programas de processamento de dados. Quer-se preservar a identidade entre as informações fisco-contábeis que, por lei, devam ser de conhecimento da administração fazendária e aquelas em poder do contribuinte e utilizadas para a efetiva apuração do rédito da sua atividade.

Sujeitos ativo e passivo: O sujeito ativo do crime, na modalidade "utilizar" é o sujeito passivo da obrigação tributária, isso é, o contribuinte que venha a empregar o programa de processamento de dados, mediante o qual irá obter vantagem econômica em detrimento do Fisco. A segunda modalidade de conduta não obriga que o agente seja, necessariamente o sujeito passivo da obrigação tributária, podendo ser *extraneus*, programador ou *software house*, que divulgar ou fornecer programa vantajoso de processamento de dados. O sujeito passivo do crime será a pessoa jurídica de direito público potencialmente prejudicada pelo emprego ou pela difusão do programa em questão.

Elementos subjetivos do tipo: é o dolo genérico, informado pela livre e consciente vontade de utilizar o *software*, ou de divulgá-lo, sabendo que a informação tratada será diversa daquela que será ostentada perante o Fisco.

Consumação e tentativa: o crime, de natureza formal, consuma-se com a só utilização ou com a divulgação de programa, independentemente de resultado naturalístico positivo que venha o sujeito passivo da obrigação tributária a auferir, ou de prejuízo que o sujeito passivo do crime venha a sofrer por diminuição da arrecadação tributária. A tentativa afigura-se possível na primeira modalidade, mas impossível na segunda.

Penas: a sanção prevista na lei, para todos os cinco tipos de infração, é a de detenção, de seis meses a dois anos, cumulada com multa, que será objeto de comentários em seção própria. Por tratar-se de pena privativa de liberdade mínima inferior a 1 (um) ano, há possibilidade de suspensão condicional do processo instituída no artigo 89 da Lei nº 9.099/95. Buzaglo (1994, p. 260) é da opinião que, em sede de repressão à criminalidade contra a ordem econômica-tributária, a pena privativa de liberdade em nada contribui para constranger o infrator a adimplir seu débito tributário. Antiógenes Marques de Lira, todavia, demonstra discordar radicalmente. Para ele, o melhor sistema de pena para estes tipos de crime é o chamado "3S", isto é, a pena privativa de liberdade curta (*short*), severa (*sharp*) e de impacto (*shock*) (Lira, 1995, p. 357).

Os artigos 8º e 10, da Lei nº 8.137/90 cuidam das penas pecuniárias aplicáveis aos autores dos crimes contra a ordem tributária nela previstos. Estão assim redigidos:

"Art. 8º – Nos crimes definidos nos arts. 1º a 3º desta lei, a pena de multa será fixada entre 10 (dez) e 360 (trezentos e sessenta) dias-multa, conforme seja necessário e suficiente para reprovação e prevenção do crime.

Parágrafo único – O dia-multa será fixado pelo juiz em valor não inferior a 14 (quatorze) nem superior a 200 (duzentos) Bônus do Tesouro Nacional – BTN.

Art. 9º (...)

Art. 10º – caso o juiz, considerando o ganho ilícito e a situação econômica do réu, verifique a insuficiência ou excessiva onerosidade das penas pecuniárias previstas nesta lei, poderá diminuí-las até a décima parte ou elevá-las ao décuplo."

A lei adotou o sistema dia-multa, já adotado pelo Código Penal desde a reforma de 1984 (artigo 49 e § 1º). Vinculando o valor do dia-multa ao BTN, o legislador pretendeu impedir os efeitos nocivos da inflação sobre o valor das multas previstas na lei. Em 31 de janeiro de 1991, pouco depois da entrada em vigor da lei, esse título de crédito público foi extinto, passando-se a adotar a Unidade Fiscal de Referência - UFIR - para o cálculo da correção monetária das penas pecuniárias, conforme a Lei nº 8.383, de 30/12/1991. A UFIR, finalmente, foi extinta em 26/10/2000, pelo artigo 29, § 3º, da Medida Provisória nº 1.973/67. O sistema compreende uma operação bifásica: na primeira, o julgador estabelece o número de dias-multa, entre 10 e 360, atendendo à culpabilidade, antecedentes, conduta social, personalidade do agente, os motivos, as circunstâncias e conseqüências do crime; na segunda, fixa o valor de cada dia-multa, atendendo à situação econômica do acusado, com aplicação analógica do Código Penal.

A faculdade de redução do montante da pena pecuniária, conforme o art. 10, é uma homenagem ao princípio da personalidade da pena. Multa criminal que interfira com as condições de sobrevivência do réu pode prejudicar sua família, o que é indesejável. A possibilidade de aumento da pena diz com o princípio da prevenção especial, tentando prevenir a ocorrência de novos crimes similares, por intermédio da gravidade da sanção penal.

O pagamento da multa deverá ocorrer dentro de dez (10) dias após o trânsito em julgado da sentença, sendo o seu valor monetariamente corrigido, após esse prazo, até o instante em que seja pago (CP, arts. 49, § 2º, e 50). Se o condenado solvente deixa de pagar a multa, aplicar-se-lhe-ão as normas da legislação relativa à dívida ativa da Fazenda Pública, inclusive no que concerne às causas interruptivas e suspensivas da prescrição (CP, art. 51).

2.1.4. Questões gerais relacionadas à teoria do delito

2.1.4.1. Participação criminal. Normalmente, os crimes contra a ordem tributária, mormente os cometidos por particulares, são praticados por pessoas em concurso, em geral, valendo-se de pessoa jurídica. O *caput* do artigo 11 da Lei nº 8.137/90 quer dar conta desse fato:

> "Art. 11 - Quem, de qualquer modo, inclusive por meio de pessoa jurídica, concorre para os crimes definidos nesta Lei, incide nas penas a estes cominadas, na medida de sua culpabilidade."

O dispositivo é inútil, haja vista a disposição do artigo 29 do Código Penal, que disciplina o concurso de pessoas de aplicação universal. Não bastasse a redundância, o artigo 11, justamente naquilo que inova comparativamente ao artigo 29 do CP, apresentará erro técnico fragoroso se estiver admitindo a possibilidade de concurso da pessoa jurídica. O máximo que se pode admitir é que a locução normativa pretenda significar o concurso da pessoa jurídica representada por alguma das pessoas físicas que a integram.

Em regra, não cabe responsabilizar penalmente as pessoas jurídicas em matéria tributária. *Societas delinquere non potest.*[42] Na opinião de Silva (1998, p.107) "...o sentido do dispositivo é apenas literal, ..., tratando o tema da responsabilidade penal da pessoa jurídica tão-somente como subaspecto da matéria do concurso de agentes."

A impossibilidade de responsabilização penal da pessoa jurídica, todavia, não implica a imunização de seus órgãos. "Cuidando-se de infração penal tributária cometida no âmbito de pessoa jurídica, há que aferir quem a praticou, e não verificar, simplistamente, a quem os atos constitutivos ou estatutos cometem a representação da sociedade, para responsabilizar os gestores, a esse título, o que só teria sentido para efeitos civis." (Silva, 1998, p. 109).[43]

Tampouco a responsabilidade tributária disciplinada nos artigos 128 a 138 do CTN poderá servir de parâmetro para aferição da responsabilidade penal. Tais artigos dizem respeito exclusivamente à responsabilidade por infrações tributárias, ainda que lá se utilizem

---

[42] Conde (1995, p.16) é do ponto de vista que "... a freqüência e a facilidade para cometer delitos no âmbito das sociedades mercantis, especialmente as de responsabilidade limitada e anônimas, explica que se haja pedido, pelo menos para este setor, a abolição desse clássico princípio...".

[43] O *insight* de Castilho (1998, p. 290) é ilustrativo da complexidade da questão: "...percebe-se que a reprovação da opinião pública a algumas condutas lesivas à ordem econômica tem como referência a pessoa jurídica. (...) Em outros, a referência é a pessoa física,(...). Na primeira hipótese, ainda que as pessoas físicas sejam condenadas, a pessoa jurídica que, sem dúvida, tem uma existência destacada das pessoas físicas que a organizam e fazem funcionar, e possui uma reputação, permanece impune. Na segunda hipótese, a condenação das pessoas físicas não impede que elas participem da criação de novas pessoas jurídicas. Em suma, a submissão das pessoas físicas ao processo penal e mesmo sua condenação não atingem a repercussão necessária à prevenção e reprovação do crime."

conceitos do campo criminal. Em sede penal, administradores e empregados só serão responsabilizados na medida de sua participação nos atos delituosos de acordo com a teoria do concurso de agentes abraçada pelos artigos 29 a 31 do Código Penal.

O parágrafo único do artigo 11 não se aplica aos crimes tributários previstos no texto legal, estando vinculado aos crimes contra as relações de consumo.

2.1.4.2. Causas extintivas da punibilidade. O artigo 14 da Lei nº 8.137/90 previa a extinção da punibilidade dos crimes praticados por particulares e por funcionários públicos contra a ordem tributária pelo pagamento do tributo antes do recebimento da denúncia, com todos os seus acessórios (juros de mora, correção monetária e multas):

"Art. 14 – Extingue-se a punibilidade dos crimes definidos nos arts. 1º a 3º quando o agente promover o pagamento do tributo ou contribuição social, inclusive acessórios, antes do recebimento da denúncia."

Essa causa de extinção da punibilidade foi objeto de críticas severas da parte de doutrinadores do porte de Manoel Pedro Pimentel, Cláudio Heleno Fragoso e Sérgio do Rego Macedo (segundo Pimentel, 1988, p. 259, e Stoco, 1992, p. 335), no sentido de que se mostraria pouco moralizante. Os que a defendiam (como Silva, 1998, p. 160,[44] entre outros), faziam-no em nome da proteção da arrecadação tributária. Gilberto Ulhôa Canto e Luiz Felipe G. de Carvalho são explícitos:

"Ora, é inconteste que o legislador considerou mais importante o recolhimento do tributo ou contribuição, inclusive de seus acessórios, do que a preservação de qualquer interesse jurídico em abstrato. Esta assertiva é corroborada pelo fato de, na EM 88, ter o legislador justificado a extinção da punibilidade pelo pagamento espontâneo antes do início da ação fiscal, já que, pela legislação penal tributária anterior, aquela estava condicionada apenas ao pagamento depois de iniciada a ação fiscal, mas antes da decisão administrativa de 1ª instância (Lei 4.729, de 14.7.65, art. 2º, II, Decreto-Lei 157, de 10.2.67, art. 18; Decreto-Lei 1.060, de 21.10.69, art. 5º; Decreto-Lei 326, de 8.5.67, art. 2º). É irrelevante que pelas emendas ao projeto a extinção da punibilidade tenha ficado condicionada ao pagamento espontâneo até o recebimento da denúncia, e não antes da ação fiscal, pois o que procuramos

---

[44] Este autor questiona por que onerar ainda mais o já falido sistema penitenciário com a prisão de réus tributários, "... se essa modalidade de delitos difere ontologicamente do roubo, do furto e do tráfico e do uso de entorpecentes, crimes estes que freqüentam decerto as maiores estatísticas de condenações criminais?"

demonstrar é que a Administração Tributária, no projeto, procurou acelerar o ingresso de recursos, como condição para a extinção da punibilidade" (in Martins, 1998, p.66).

Todavia, salientam seus críticos, a regra da extinção da punibilidade dos crimes fiscais por força do pagamento provavelmente sequer representa proteção eficaz para o crédito tributário, já que o roteiro "sonegação-fiscalização-pagamento-extinção da punibilidade" não sofre qualquer limitação no tempo ou na freqüência de sua repetição, representando antes forte estímulo à delinqüência tributária, pela redução da margem de risco do sonegador frente à magnitude dos ganhos patrimoniais em jogo.[45] Frente às críticas, o artigo 14 foi expressamente revogado pelo artigo 98 da Lei nº 8.383, de 30/12/1991.

O legislador, no entanto, preferiu dar prevalência ao objeto jurídico tutelado mediatamente – o crédito tributário – desprezando aqueles protegidos indiretamente - a administração pública, a fé pública etc. O instituto foi restabelecido, em 26/12/1995, pela edição da Lei nº 9.249, que, em seu artigo 34, repristinava o artigo 14. Dispunha assim o referido artigo:

"Art. 34 – Extingue-se a punibilidade dos crimes definidos na Lei nº 8.137, de 27 de dezembro de 1990, e na Lei nº 4.729, de 14 de julho de 1965, quando o agente promover o pagamento do tributo ou contribuição social, inclusive acessórios, antes do recebimento da denúncia".

Por tratar-se de norma penal mais benigna, retroagirá, nos termos do art. 5º, inc. XL, da Constituição Federal, atingindo inclusive a coisa julgada.

Há intenso debate, na doutrina e na jurisprudência, sobre a possibilidade de alcance da benesse pelo pagamento parcial do débito antes do recebimento da denúncia. O debate pode ser sintetizado em três correntes:

1ª corrente: os que admitem a extinção da punibilidade se o pagamento do parcelamento for iniciado antes do recebimento da denúncia, porque o próprio artigo 34 não distinguiria se o "promover" é integral, ou parcelado, bastando, nesse sentido, o concreto ato de pagar, ainda que parcelado.

2ª corrente: dos que consideram que o parcelamento do pagamento do tributo não acarreta a extinção da punibilidade, salvo se antes do recebimento da denúncia já houver sido integralizado o total do débito:

---

[45] Bem mais adequada teria sido a adoção da redação proposta para o artigo 399 no anteprojeto de Reforma da Parte Especial do Código Penal, que previa a extinção da punibilidade para o agente que, sem ter usufruído anteriormente do benefício, recolhesse o tributo até cinco dias após ciência da decisão administrativa de primeira instância.

o STJ já decidiu nesse sentido, entendendo que o parcelamento da dívida não extingue o crédito tributário e, conseqüentemente, não acarreta a extinção da punibilidade.

3ª corrente: dos que entendem que o parcelamento do pagamento do tributo é condição suspensiva da punibilidade, assim sendo, se ocorrer o pagamento integral, a punibilidade será extinta, caso contrário, o agente deverá ser responsabilizado penalmente (Silva, 1998, p. 163). Parece ser esta a posição dominante nos tribunais superiores.

Cabe ainda mencionar, em sede de extinção e suspensão da pretensão punitiva do Estado, relativamente aos crimes previstos nos artigos 1º e 2º da Lei, as inovações da introduzidas pelo artigo 15 da Lei nº 9.964, de 10 de abril de 2000, que institui o Programa de Recuperação Fiscal – REFIS:

"Art. 15. É suspensa a pretensão punitiva do Estado, referente aos crimes previstos nos arts 1º e 2º da Lei nº 8.137, de 27 de dezembro de 1990, e no art. 95 da Lei nº 8.212, de 24 de julho de 1991, durante o período em que a pessoa jurídica relacionada com o agente dos aludidos crimes estiver incluída no REFIS, desde que a inclusão no referido Programa tenha ocorrido antes do recebimento da denúncia criminal.

§ 1º A prescrição criminal não ocorre durante o período de suspensão da pretensão punitiva.

§ 2º O disposto neste artigo aplica-se, também:

I – a programas de recuperação fiscal instituídos pelos Estados, pelo Distrito Federal e pelos Municípios, que adotem, no que couber, normas estabelecidas nesta Lei;

II – aos parcelamentos referidos nos arts. 12 e 13.

§ 3º Extingue-se a punibilidade dos crimes referidos neste artigo quando a pessoa jurídica relacionada com o agente efetuar o pagamento integral dos débitos oriundos de tributos e contribuições sociais, inclusive acessórios, que tiverem sido objeto de concessão de parcelamento antes do recebimento da denúncia criminal."

A Administração Tributária federal adotava, até a edição da Lei nº 9.964/2000, o posicionamento da 2ª corrente acima descrito. A partir de então estará obrigada a dar à moratória o tratamento propugnado pela 3ª corrente e majoritário nos tribunais superiores, isso é, considerar suspensa a pretensão punitiva do Estado, durante o período da moratória, e definitivamente extinta se o débito para com os cofres públicos for integralmente saldado na forma como estatuído.

2.1.4.3. Desistência voluntária, arrependimento eficaz, arrependimento posterior. A Lei nº 8.137/90 silenciou nesta matéria. Nada obstante, o pagamento do tributo deve ser levado em conta pelo julgador em face dos institutos previstos pelos artigos 15 e 16 do Código Penal.

Desde o ponto de vista dogmático, a desistência voluntária e o arrependimento eficaz, institutos previstos no artigo 15 do CP, são causas de exclusão da adequação típica, e não de exclusão da punibilidade. Quanto ao arrependimento posterior, do artigo 16 do CP, "...aplica-se aos crimes contra a ordem tributária, na medida em que o dano deles resultante (...) seja ressarcido pelo agente, o que se dá, sem dúvida, na hipótese do pagamento do tributo, com todos os seus acréscimos." (Decomain, 1995, p.155), com a conseqüente redução da pena de um a dois terços.

2.1.4.4. Agravantes

"Art. 12. São circunstâncias que podem agravar de 1/3 (um terço) até a metade as penas previstas nos arts. 1º, 2º e 4º a 7º:
I – ocasionar grave dano à coletividade;
II – ser o crime cometido por servidor público no exercício de suas funções;
III – ser o crime praticado em relação à prestação de serviços ou ao comércio de bens essenciais à vida ou à saúde."

As circunstâncias agravantes previstas no art. 12 são obrigatórias e demandam a atividade integrativa do julgador, para a fixação dos conceitos de "grave dano" e "serviço e comércio de bens essenciais à vida ou à saúde", delimitando, no caso concreto, o campo de incidência do artigo.

Silva (1998, p. 252) entende que somente o inciso II é aplicável aos crimes contra a ordem tributária, e, ainda assim, exclusivamente àqueles praticados por particulares (arts. 1º e 2º), já que a qualificação funcional já é elementar nos tipos descritos no artigo 3º. Para o autor, os crimes contra a ordem tributária não são suscetíveis de ocasionar grave dano à comunidade, pelo menos não diretamente, fato que excluiria a possibilidade de aplicação do inciso I. No que diz respeito à agravante do inciso III, a própria redação legal aprioristicamente já exclui os tipos de crimes contra a ordem tributária do seu campo de incidência.

2.1.4.5. Delação premiada.

Reza o parágrafo único do artigo 16 da Lei nº 8.137/90, introduzido pela Lei nº 9.080, de 16/07/1995:

"Art. 16. (...)
Parágrafo único. Nos crimes previstos nesta lei, cometidos em quadrilha ou co-autoria, o co-autor ou partícipe que através de confissão espontânea revelar à autoridade policial ou judicial toda a trama delituosa terá a sua pena reduzida de um a dois terços."

Trata-se de um induzimento à delação entre os autores, permitindo a redução de 1/3 a 2/3 da pena. Pelos requisitos exigidos pela Lei, a obtenção do prêmio não está condicionada à eficácia da delação, uma vez que a Lei não exige que a confissão impeça o resultado ou efeitos do crime praticado.

Autores com o porte de Silva (1998, p. 155) e Costa Jr. (Denari e Costa Jr., 1998, p. 165) mostram-se céticos quanto às possibilidades de êxito do instituto oriundo da alteração legislativa. Se, por um lado, ela se mostrou benéfica na luta contra o crime organizado, não tem, de outro lado, a afinidade necessária com os crimes contra a ordem tributária, já que tais delitos não se configurariam naquilo que se classifica ontologicamente como crime organizado. Na opinião de Silva, por exemplo,

> "Em termos de crime contra a ordem tributária, alimentamos sérias dúvidas sobre a utilidade da inovação, relegando aos estudiosos dos crimes contra a ordem (econômica) e as relações de consumo e do chamado 'colarinho branco' a análise detalhada da matéria, visto que o tratamento dogmático do tema deve abranger todas as hipóteses legais em que incida essa redução da pena."

2.1.4.6. Ação penal. Como se percebe ocorrer com muitos outros dispositivos da Lei nº 8.137/90, a regra do artigo 15 também é redundante, mais ainda ao proceder à remissão ao artigo 100 do Código Penal, que incidiria na espécie ainda que a Lei silenciasse.

"Art. 15. Os crimes previstos nesta Lei são de ação penal pública, aplicando-se-lhes o disposto no art. 100 do Decreto-lei nº 2.848, de 7 de dezembro de 1940 – Código Penal".

A ação penal é pública, salvo quando a lei dispõe em contrário. O dispositivo só teria nexo se quisesse torná-la privativa do ofendido. No Direito Penal Tributário, a ação penal é pública porquanto não há outro ofendido senão o Estado.[46]

A propósito, a competência para julgar os crimes contra a ordem tributária é da Justiça Comum Estadual, a não ser que afetem interesses da União (como, por exemplo, nos casos que envolvam tributos de sua competência tributária).

2.1.4.7. Representação fiscal para fins penais. A regra do *caput* do artigo 16, por sua vez, também é redundante com o artigo 27 do Código de Processo Penal:

---

[46] A Súmula 609 do STF está assim redigida: "É pública incondicionada a ação penal por crime de sonegação fiscal."

"Art. 16. Qualquer pessoa poderá provocar a iniciativa do Ministério Público nos crimes descritos nesta Lei, fornecendo-lhe por escrito informações sobre o fato e a autoria, bem como indicando o tempo, o lugar e os elementos de convicção."

Esse dispositivo não deve ser tomado na sua literalidade, ao exigir que a comunicação seja por escrito e com riqueza de detalhes. Segundo Decomain (1995, p. 173), "... mesmo a comunicação verbal ao Ministério Público será inteiramente válida, podendo as declarações do informante ser reduzidas a escrito, sendo por ele subscritas". Aponta ainda o autor que até denúncia anônima merecerá do MP a atenção devida, principalmente porque se considera que os crimes contra a ordem tributária são cometidos por pessoas detentoras de parcela significativa de poder econômico e político.

A Lei nº 8.137/90 não prevê a obrigação funcional de comunicar ao MP fatos delituosos que as autoridades administrativas tomem conhecimento. No âmbito federal, todavia, o agente do Fisco que, no exercício de suas funções, tomar conhecimento de condutas que, em tese, configurem crime contra a ordem tributária, deverá comunicá-las ao Ministério Público.

Originalmente, a Representação Fiscal para Fins Penais, no âmbito da administração tributária federal, encontrava-se regulada pela Portaria Ministerial nº 102/77. Muito imprecisa em seus termos, a Portaria acabou por restringir a obrigação de representar a determinadas funções da administração tributária.

Em 1991, em resposta à especialização da Procuradoria-Geral da República no papel de Ministério Público Federal, ao novo ordenamento dos crimes de natureza fiscal (Lei nº 8.137/90) e à limitação das condições de extinção da punibilidade dos crimes contra a ordem tributária às regras gerais do art. 107 do Código Penal, imposta pela Lei nº 8.383/91, o encaminhamento da *notitia criminis* ao MPF passou a ser disciplinado pelo Decreto nº 325/91. Naquele regulamento, o dever de formular a representação, no que dizia respeito aos crimes contra a ordem tributária, de sonegação fiscal e de apropriação indébita, foi cometido ao AFTN (atual AFRF) em exercício nas atividades de fiscalização externa, cristalizando a figura do que as administrações tributárias de países desenvolvidos, como os Estados Unidos da América e a República Federativa da Alemanha, denominam "investigador criminal". A rigor, o Decreto nº 325 não introduziu qualquer inovação, haja vista o tipo previsto no artigo 66 da Lei de Contravenções Penais (Decreto-Lei nº 3.688, de 3 de outubro de 1941), que estabelece:

"Omissão de Comunicação de Crime

Art. 66 - Deixar de comunicar à autoridade competente:

I - crime de ação penal pública, de que teve conhecimento no exercício da função pública, desde que a ação penal não dependa de representação;"

A Lei nº 8.112/90, as mesma forma, já estipulava como dever funcional, em seu art. 116, incisos VI e XII:

"Art. 116 - São deveres do servidor:

...

VI - levar ao conhecimento da autoridade superior as irregularidades de que tiver conhecimento em razão do cargo;

...

XII - representar contra ilegalidade, omissão ou abuso de poder."

O Decreto nº 325/91 padeceu de vícios semelhantes aos apontados no texto da Portaria 102/77. O reduzido número de tipos penais elencados, por exemplo, acabou induzindo a que vários outros deixassem de ser comunicados à Procuradoria-Geral da República. Além disso, ao limitar a obrigação de representar ao âmbito da fiscalização externa, dispensou servidores no exercício de outras atividades de igual providência (tem-se notícia, por exemplo, de casos de juntada, aos recursos voluntários interpostos perante os Conselhos de Contribuintes, de papéis eivados de falsidade material ou ideológica sem que qualquer ação por parte de servidores daquele Órgão fosse adotada no sentido de requerer punição para a fraude).

Outra deficiência residia no fato de não constar do processo administrativo de exigência do crédito tributário qualquer informação quanto à existência de representação criminal e, do processo que tinha esta por objeto, o número do respectivo processo administrativo. Os feitos tramitavam paralelamente, de modo que o contribuinte, desconhecendo o risco da denúncia, não se sentia estimulado a efetuar o pagamento, buscando muitas vezes lançar mão de meios protelatórios ao deslinde do litígio na esfera administrativa, e os órgãos preparadores deixavam de comunicar ao Ministério Público os pagamentos efetuados, capazes de determinar a extinção da punibilidade dos crimes praticados até 1991, acarretando desperdícios de esforços e custos desnecessários. Essas questões levaram à publicação, em 16 de novembro de 1993, do Decreto nº 982, de 12 do mesmo mês.

Em 27/12/96, a Lei nº 9.430, em seu art. 83, estatuiu que a representação fiscal para fins penais relativa aos crimes contra ordem tributária definidos nos arts. 1º e 2º da Lei nº 8.137/90 será encaminhada ao Ministério Público somente após a decisão final, na esfera administrativa, sobre a exigência fiscal do crédito tributário correspondente. Em vista dessa disposição, foram editados o Decreto nº 2.730, de 10/08/98, e a Portaria nº 1.805, de 28/08/98, com novas regras para o encaminhamento da representação ao Ministério Público Federal, disciplinando as várias hipóteses de crimes fiscais previstas no Código Penal e os procedimentos para os demais casos de crimes em detrimento da Fazenda Pública ou contra a Administração Pública Federal, reiterando ainda o entendimento de que o parcelamento do crédito tributário ensejava o encaminhamento imediato da *notitia criminis* o MPF.

A norma do artigo 83 da Lei nº 9.430/96 está dirigida à administração tributária federal, e tem o objetivo de evitar a remessa de representações ao MP antes da solução desses processos administrativos, porém, obrigando-a após o término dos mesmos. Evidentemente, a norma não pretendeu instituir condição de procedibilidade para a propositura da ação penal, por parte do Ministério Público. Face à autonomia da instância penal, o dispositivo legal em questão não impede qualquer investigação policial, qualquer requisição do MP ou do Poder Judiciário e a propositura da ação penal que venha deles, eventualmente, decorrer. Não está o Ministério Público impedido de agir antes da decisão final no procedimento administrativo.

Restará contudo a indagação sobre a possibilidade de caracterizar ilícito penal tributário sem a conclusão do processo administrativo fiscal respectivo. Distinguem-se, na doutrina, duas correntes frente a tal indagação: de um lado, há os que sustentam que só se pode compreender a autonomia da ação penal em relação à ação fiscal,[47] por razões de natureza formal, mas não quanto ao mérito, pois não se pode admitir uma condenação por sonegação de obrigação tributária inexistente (assim, Ives Gandra da Silva Martins *in* Martins, 1998, p. 33-42). Outros porém discordam desse posicionamento, entendendo que a ação penal é incondicionada em relação à ação fiscal, reconhecendo, no entanto, que a exigibilidade do crédito tributário constitui questão prejudicial ao processo penal (como em Aristides Junqueira Alvarenga, *in* Martins, 1998, p. 52-63).

A conclusão a que se chega é a de que, nos casos em que a comprovação da existência da obrigação tributária constitui óbice ao prosseguimento da ação penal, pode-se somente presumir, mas não caracterizar, crime contra a ordem tributária antes da conclusão do processo administrativo fiscal, porque a existência material de obrigação tributária ainda não foi definitivamente julgada. Todavia, haverá casos em que a comprovação da existência de obrigação tributária não constituirá óbice ao prosseguimento da ação penal, porque tal fato não é elementar ao tipo penal, como, por exemplo, no crime previsto no inciso V do art. 2º. Nesses casos, obviamente, pode-se caracterizar o crime contra a ordem tributária antes da conclusão do PAF.

---

[47] Ação fiscal aqui deve ser entendida como aquele procedimento administrativo previsto no art. 2º do Decreto nº 70.235/72 (PAF), destinado a determinar a exigência de créditos tributários federais, penalidades e de consulta.

Saliente-se, por fim, que a autoridade tributária não tem o dever e, muito menos, a competência para demonstrar a existência do elemento doloso das infrações penais, considerando-se que o PAF assenta-se em fatos sujeitos à responsabilidade objetiva. Terá contudo condições de obter e fornecer elementos de prova material, suscetíveis de amparar sua presunção sobre a ocorrência do ilícito. Na verdade, seu dever legal é justamente o de comunicar essa presunção à autoridade competente para investigar o fato.

2.2. A criminalização secundária: os agentes do processo de seleção da criminalidade contra a ordem tributária

Se o Poder Legislativo é a fonte básica de definição das normas que incriminam condutas atentatórias contra o bem jurídico "ordem tributária", as principais agências de sua operacionalização são a Polícia, a Justiça[48] e o sistema de execução de penas e de medidas de segurança. O sistema de controle jurídico-penal compõe-se, portanto, pelos mecanismos de articulação funcional sincronizada da Lei penal - Polícia – Justiça - Prisão e órgãos auxiliares (por exemplo, os peritos). Todavia, no que diz respeito à criminalidade econômica, e mais especificamente, à criminalidade contra a ordem tributária federal, objeto específico deste trabalho, a evidência empírica mostra a existência de um agente operador da criminalização secundária, que, de modo preponderante, determina a atuação dos demais. É a Secretaria da Receita Federal. É sobre ela que recaiu o foco da investigação empírica realizada, haja vista ser o operador fundamental na construção da criminalidade contra a ordem tributária federal.

2.2.1. A Polícia

"A polícia constitui o símbolo mais visível do sistema formal de controlo, o mais presente no quotidiano dos cidadãos e, por via de regra, o *first-line enforcer* da lei criminal. O seu papel no processo de seleção é, por isso, determinante." (Dias e Andrade, 1992, p. 443).

A função geral da Polícia é a manutenção da ordem pública. Entre suas funções específicas, destacam-se a repressão e a prevenção do crime, enquanto elemento perturbador da ordem jurídica. A ineficácia da atuação preventiva e repressiva da polícia, face à programação normativa, é notória. Como já assinalado em seção anterior,[49] tal *deficit*

---

[48] Em sentido *lato*, obviamente, que inclua o Ministério Público.

[49] Ver página 10, em "Os processos de criminalização".

é explicado, dentro da moldura teórica da Criminologia Radical, como estruturalmente projetado para permitir a operacionalização dos processos de seleção quantitativa. Nesse sentido, pode-se perceber a importância do papel seletivo da Polícia, haja vista ser o órgão da instância formal que toma contato com o volume maior de condutas desviadas e o faz com maiores condições de discricionariedade.

O poder discricionário da polícia tem sido detectado em investigações empíricas realizadas nos Estados Unidos e Alemanha a partir da década de sessenta do século passado, pondo em evidência as elevadíssimas cifras negras decorrentes da atuação policial. Dias e Andrade apontam algumas variáveis determinantes do sentido da discricionariedade policial (1992, p. 454-62):

a) Gravidade da infração: quanto mais grave o delito, menor será a discricionariedade da polícia (o conceito de gravidade, no entanto, está sujeito às idiossincrasias da cultura da instituição, o que explicaria o pouco empenho no esclarecimento de crimes de menor envolvimento emocional, como os crimes de "colarinho branco");

b) Atitude do denunciante: a polícia evita sistematicamente o processamento de um caso contra a vontade inequívoca do denunciante, normalmente a vítima (por exemplo, nos casos em que entre a vítima e o delinqüente medeiam relações de grande privacidade ou de proximidade moral ou material; ou quando ambos têm interesses contrários aos da polícia; ou quando a vítima se preocupa principalmente com a reparação do dano);

c) Distância social da polícia em relação à comunidade em que a delinqüência ocorre: quanto mais burocratizada e profissionalizada for a organização policial, maior será sua adesão a critérios de legalidade;

d) Atitude do suspeito: a polícia tende a ser particularmente compreensiva para com suspeitos que exibam uma imagem de conformidade com o direito (humildade, respeito pela autoridade, vontade de confessar etc.);

e) Relações entre as diferentes instâncias de controle: a polícia é particularmente sensível ao modo como atuam as demais instâncias formais de controle (em relação a elas, opera inclusive uma seleção retroativa, alinhando sua conduta pela previsível atitude do Judiciário e do MP);

f) Interiorização e adesão às normas legais: a interiorização e adesão das normas penais pela polícia não é feita uniformemente. Algumas delas são francamente hostilizadas, acentuando-se a dimensão política da polícia, questionando a legitimidade, a oportunidade e, conseqüentemente, a aplicação efetiva das normas (observa-se tal atitude freqüentemente quando estão em jogo normas penais que revelam a política intervencionista do Estado);

g) Poder relativo do infrator: quanto maior for o poder e o *status* do infrator, menor será a probabilidade de ele ser formalmente investigado pela polícia, com reflexos evidentes na criminalidade oculta.

Sob o marco teórico da Criminologia Radical, a atuação policial reflete as relações sociais do qual a polícia é parte e instrumento de manutenção.

"A intervenção da polícia (...)representa uma acto de poder pessoal, através do qual o Estado garante a reprodução sem atritos do sistema económico-social vigente. Isto é, a polícia contribui para manter e impor uma ordem social que aproveita, sobretudo, aos privilegiados nas relações de desigualdade estrutural e que baseiam nesta desigualdade o seu poder económico e social". (Dias e Andrade, 1992, p. 469).

No Brasil, a polícia judiciária responsável pela repressão dos crimes contra a ordem tributária é aquela que corresponde ao ente político titular da competência tributária cuja ordem foi agredida, sendo, portanto, sujeito passivo do crime. Assim, no âmbito da ordem tributária federal, atuará, em princípio, a Polícia Federal, conforme §1º do art. 144 da Constituição Federal.

2.2.2. *A Secretaria da Receita Federal*

A Secretaria da Receita Federal é o órgão central de direção superior, subordinado ao Ministério da Fazenda, responsável pela administração dos tributos internos e aduaneiros da União, com o propósito de promover o cumprimento voluntário das obrigações tributárias, arrecadar recursos para o Estado e desencadear ações de fiscalização e combate à sonegação, de forma a promover a justiça fiscal.

2.2.2.1. Objetivos. Instituída em 1968 pelo Decreto 63.659/68, em substituição à Direção-Geral da Fazenda Nacional, como fruto das reformas do período 65/67, que adaptaram a administração tributária ao rápido crescimento econômico vivenciado pelo País, a Secretaria da Receita Federal tem os seguintes objetivos:[50]

a) dinamizar a administração tributária, tornando-a capaz de gerenciar vários tributos (inclusive os da área aduaneira), maximizando a utilização de recursos humanos e materiais;

b) apresentar a administração tributária como uma representação única frente ao contribuinte e;

---

[50] Disponível em http://www.receita.fazenda.gov.br/Principal/Instituicao. Acesso em 08/06/2002.

c) definir critérios claros e eficientes de descentralização, com grande autonomia dos órgãos locais de ponta.

2.2.2.2. Funções. A Secretaria da Receita Federal exerce as funções de planejamento, controle, supervisão, avaliação e execução das atividades de arrecadação, fiscalização, tributação, tecnologia, além da promoção de atividades de integração fisco-contribuinte.

Atividades de arrecadação
Relativas aos tributos e contribuições administrados pela Secretaria da Receita Federal.
a) cobrança, lançamento, restituição e ressarcimento;
b) previsão e análise das receitas;
c) remessa de débitos para a Procuradoria da Fazenda Nacional, com fins de inscrição na dívida ativa da União;
d) controle da rede bancária arrecadadora.

Atividades de fiscalização
Englobam ações fiscais relativas aos tributos internos e aduaneiros.
a) seleção de contribuintes para ações fiscais;
b) exame e verificação dos dados e informações dos contribuintes sob ação fiscal;
c) lançamento do crédito tributário devido, com intimação ao contribuinte.

Atividades de tributação
a) revisão, atualização e edição de atos normativos;
b) formalização e interpretação da legislação tributária;
c) atendimento a consultas sobre a legislação tributária;
d) julgamento dos processos fiscais.

Atividades de tecnologia
a) administração do modelo de dados da Organização;
b) normatização dos sistemas de informação da Receita Federal;
c) gerenciamento dos sistemas corporativos;
d) planejamento de equipamentos e *software.*

Integração Fisco-Contribuinte
a) Serviços de Atendimento ao Público;
b) Educação Fiscal.

Tributos e contribuições administrados pela Secretaria da Receita Federal
a) Imposto sobre Importação - II;
b) Imposto sobre Exportação - IE;
c) Imposto sobre Produtos Industrializados - IPI;
d) Imposto sobre a Renda e Proventos - IR;
e) Imposto sobre Operações Financeiras - IOF;

f) Imposto Territorial Rural - ITR;
g) Contribuição para a Seguridade Social - COFINS;
h) Contribuição para o PIS/PASEP - PIS/PASEP;
i) Contribuição Social sobre o Lucro Líquido - CSLL;
j) Contribuição para o Plano de Seguridade dos Servidores - CPSS;
l) Contribuição para o FUNDAF - FUNDAF;
m) Contribuição Provisória sobre Movimentações Financeiras - CPMF.

2.2.2.3. A Estrutura da Secretaria da Receita Federal. A estrutura básica da Secretaria da Receita Federal é composta pelos níveis central e descentralizado. O primeiro desenvolve atividades normativas, de supervisão e de planejamento, enquanto o último desenvolve as funções de execução e de operação, sob as diretrizes emanadas pelos órgãos Centrais.

As Unidades Centrais estão diretamente subordinadas ao Secretário da Receita Federal. Este é o dirigente da instituição, ocupando o cargo de maior nível hierárquico e sendo auxiliado por seus Secretários-Adjuntos e sua Assessoria Direta. Além do assessoramento direto, há sete Coordenações-Gerais com áreas de competência específica.

ESTRUTURA DA SECRETARIA DA RECEITA FEDERAL

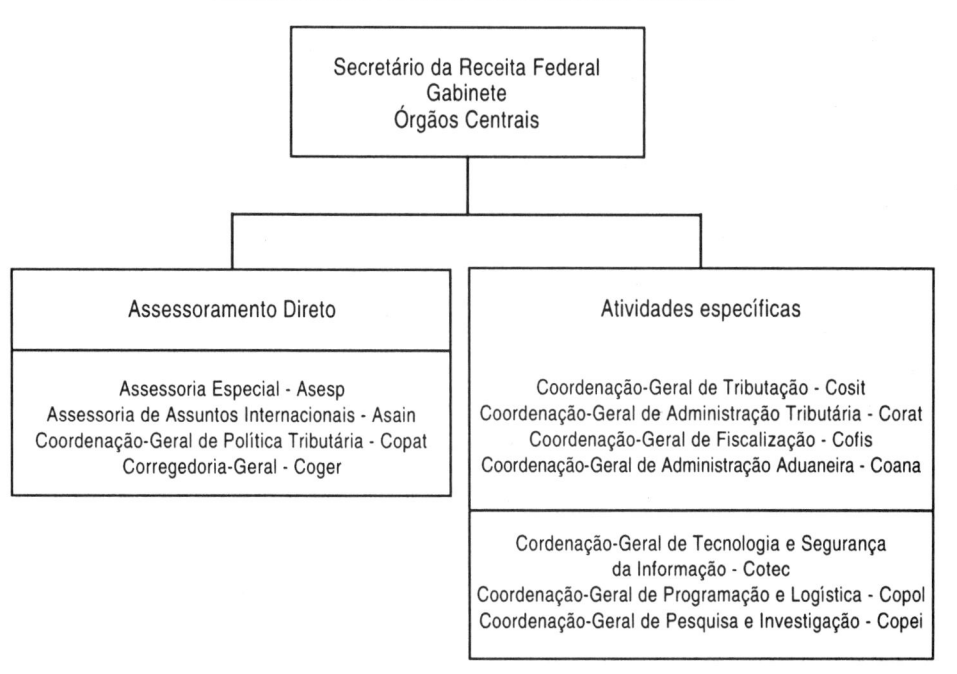

Gráfico 3: Órgãos Centrais da Secretaria da Receita Federal

As unidades descentralizadas são compostas por órgãos regionais, sub-regionais e locais. A competência regional é exercida pelas Superintendências Regionais da Receita Federal (SRRF), que são subordinadas ao Secretário. Suas atribuições englobam a supervisão, no limite de suas jurisdições, das atividades de tributação, arrecadação, fiscalização, controle aduaneiro, orientação ao contribuinte, informações econômico-fiscais e programação e logística. Para tanto, possuem Divisões específicas para a realização de suas atividades.

UNIDADES DESCENTRALIZADAS DA SECRETARIA DA RECEITA FEDERAL	
Superintendências Regionais da Receita Federal (SRRF)	10
Delegacias da Receita Federal (DRF)	105
Delegacia Especial de Instituições Financeiras (Deinf)	2
Delegacia Especial de Assuntos Internacionais (Deain)	1
Delegacias da Receita Federal de Fiscalização (Defic)	2
Delegacias da Receita Federal de Administração Tributária (Derat)	2
Delegacias da Receita Federal de Julgamento (DRJ)	18
Inspetorias da Receita Federal (IRF)	46
Alfândegas da Receita Federal (ALF)	24
Agências da Receita Federal (ARF)	357
Total de Unidades	567

Tabela 2: Unidades Descentralizadas da Secretaria da Receita Federal

Cada uma das dez Superintendências jurisdiciona sua respectiva Região Fiscal.

JURISDIÇÕES DAS REGIÕES FISCAIS DA SECRETARIA DA RECEITA FEDERAL	
Região Fiscal	Jurisdição
1ª Região Fiscal	Distrito Federal, Goiás, Mato Grosso, Mato Grosso do Sul e Tocantins, com sede em Brasília;
2ª Região Fiscal	Pará, Acre, Amazonas, Rondônia, Roraima e Amapá, com sede em Belém;
3ª Região Fiscal	Ceará, Maranhão e Piauí, com sede em Fortaleza;
4ª Região Fiscal	Pernambuco, Alagoas, Paraíba e Rio Grande do Norte, com sede no Recife;
5ª Região Fiscal	Bahia e Sergipe, com sede em Salvador;
6ª Região Fiscal	Minas Gerais, com sede em Belo Horizonte;
7ª Região Fiscal	Rio de Janeiro e Espírito Santo, com sede no Rio de Janeiro;
8ª Região Fiscal	São Paulo, com sede em São Paulo;
9ª Região Fiscal	Paraná e Santa Catarina, com sede em Curitiba;
10ª Região Fiscal	Rio Grande do Sul, com sede em Porto Alegre.

Tabela 3: Jurisdição das Regiões Fiscais

Cada um dos quinhentos e sessenta e sete (567) órgãos descentralizados da Secretaria da Receita Federal possui suas próprias divisões especializadas em áreas de atividades específicas: tributação, fiscalização, arrecadação e apoio. Portanto, a SRF mantém uma estrutura descentralizada e sistêmica, com cada um dos níveis hierárquicos desenvolvendo as funções básicas da administração tributária.

UNIDADES DESCENTRALIZADAS DA SRF NO RIO GRANDE DO SUL	
Superintendências Regionais da Receita Federal (SRRF)	1
Delegacias da Receita Federal (DRF)	12
Delegacias da Receita Federal de Julgamento (DRJ)	2
Inspetorias da Receita Federal (IRF)	10
Alfândega da Receita Federal (ALF)	1
Agências da Receita Federal (ARF)	36
Total de Unidades	62

Tabela 4: Unidades descentralizadas da SRF no Rio Grande do Sul

Na 10ª Região Fiscal, que jurisdiciona o estado do Rio Grande do Sul, objeto da investigação empírica, há 13 (treze) unidades sub-regionais, sendo 11 Delegacias e uma Inspetoria, respectivamente, em Porto Alegre (PAE), Pelotas (PEL), Santa Maria (SMA), Passo Fundo, (PFU), Rio Grande (RIG), Caxias do Sul (CXS), Novo Hamburgo (NHB), Santo Ângelo (STA), Uruguaiana, (URU), Santana do Livramento (STL), Santa Cruz do Sul (SCS) e no Chuí (CHU).

2.2.2.4. A base contributiva dos tributos federais. A tarefa de precisar o número de contribuintes de cada tributo, se não for impossível, é por demais complexa. Os últimos estudos, no âmbito da Secretaria Federal, foram realizados em 2000, sobre as bases de declarações do imposto de renda PJ e PF-1999.

O País teve, em 2000, 11.050.072 de declarantes do IRPF, sendo 63% homens e 37% mulheres. O Rio Grande do Sul teve 958.738 de declarantes (8,7% do total nacional), com distribuição entre homens e mulheres igual à nacional.

DISTRIBUIÇÃO DO Nº DE DECLARANTES DO IRPF POR FAIXA DE RENDA

	Até 1.000	1.001 1.500	1.501 2.000	2.001 2.500	2.501 3.000	3.001 4.000	4.001 5.000	5.001 6.000	6.001 8.000	8.001 10.000	Mais de 10.000
Brasil	50,7%	22,4%	8,5%	5,2%	3,3%	3,9%	2,1%	1,2%	1,2%	0,7%	0,9%
RS	43,2%	24,0%	10,3%	6,3%	4,0%	4,8%	2,7%	1,6%	1,5%	0,7%	0,9%

Tabela 5: Distribuição do número de declarantes do IRPF segundo a faixa de renda

NATUREZA DA ATIVIDADE PRINCIPAL DOS DECLARANTES DO IRPF

	Setor Privado	Profiss. Liberal	Propr. Empresa	Administ. Direta	Autarquia Fundação	Empresa Pública	Rendimto. Capital	Aposent. Pension.	Outros
Brasil	20%	10%	31%	12%	4%	6%	1%	12%	5%
RS	15%	10%	38%	11%	3%	5%	1%	13%	4%

Tabela 6: Natureza da ocupação dos declarantes do IRPF

O Brasil teve 4.280.302 de declarantes pessoa jurídica em 2000. Já, no Rio Grande do Sul, 478.132 (11% do total nacional) de pessoas jurídicas apresentaram declaração no ano de 2000. Não há outras informações sobre o perfil dos declarantes pessoa jurídica.

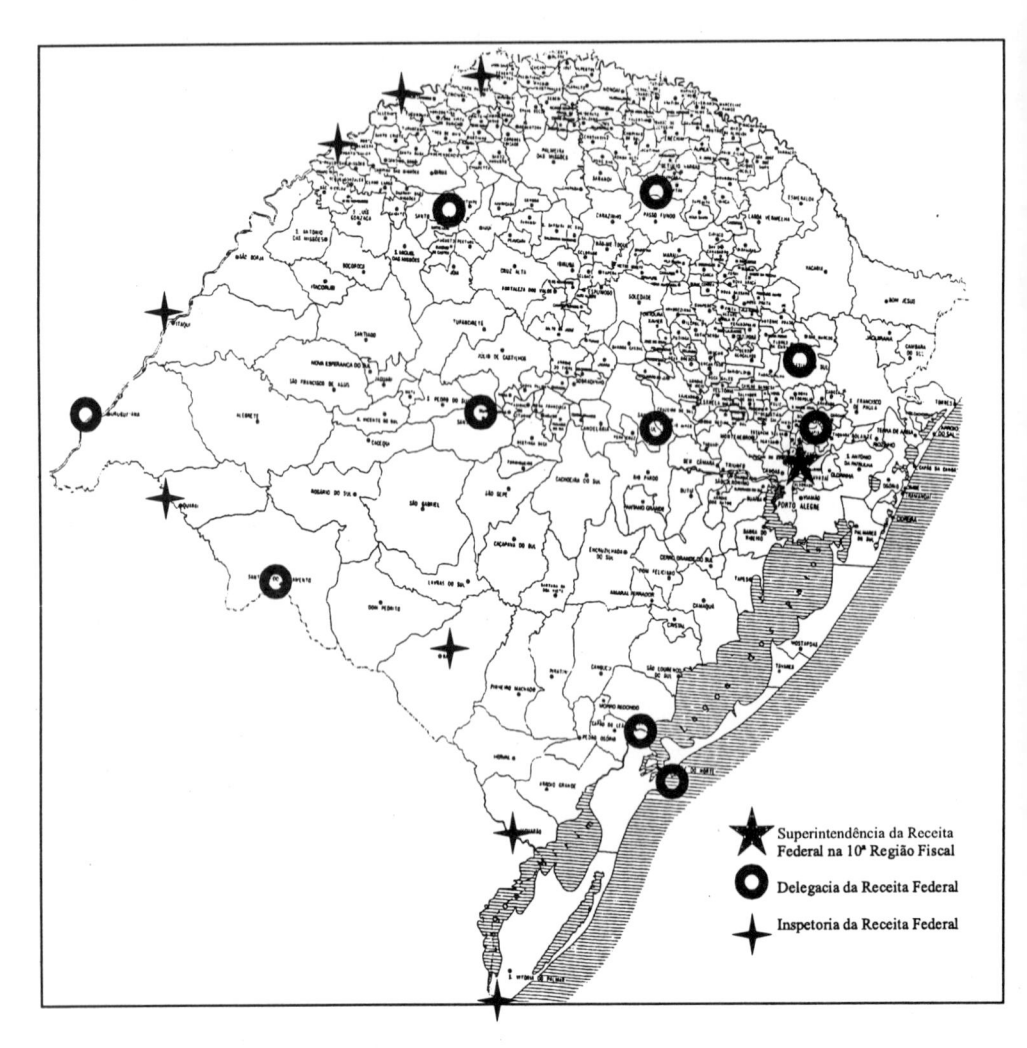

Gráfico 4: Distribuição das unidades da SRF no Rio Grande do Sul

2.2.3. O Ministério Público

De acordo com o artigo 129 da Constituição Federal, compete privativamente ao Ministério Público a promoção da ação penal pública. Reside justamente aí a importância criminológica da atuação do

MP: ele atua como "goleiro" do sistema jurídico-penal de resposta ao crime e, por isso, o responsável principal pela "mortalidade" dos casos criminais (assim, Dias e Andrade, 1992, p. 471).

Castilho afirma não haver, no Brasil, dados estatísticos globais disponíveis a respeito da atuação do MP. Atribui tal fato às dificuldades oriundas do sistema federativo. Há Ministérios Públicos Estaduais autônomos em cada um dos estados-membros e no Distrito Federal, além do Ministério Público Federal e Militar na União (1997, p.145). Adicione-se a essa justificativa a da especificidade do estatuto jurídico e sociológico do Ministério Público brasileiro, que tem como viga-mestra a independência funcional de cada um dos seus membros. Se, por um lado, permite relativa autonomia à instituição, de outro, não contribui para que haja uma uniformidade na sua atuação.

O Ministério Público brasileiro, enquanto titular da competência privativa da promoção da ação penal pública, atua sob a égide dos princípios da publicidade, obrigatoriedade, autoridade, legalidade, jurisdicionalidade e procedimento de ofício. No que pertine ao princípio da obrigatoriedade, sempre que ocorram, em concreto, certas condições de fato previstas em lei, haverá o dever de promover ação penal.

A Lei nº 9.099/95 veio mitigar essa obrigatoriedade, introduzindo a possibilidade de transação e suspensão do processo em infrações definidas como de menor poder ofensivo. Por tal Lei, o MP passou a ter também, ainda que de forma limitada, a disponibilidade sobre a acusação, cabendo-lhe estabelecer uma verdadeira política de persecução penal, contida tão-só pelos limites da Lei e submetida a controle judiciário formal.

São duas as técnicas de execução: a) proposta de aplicação de pena restritiva de direitos ou multa independentemente de instrução, havendo representação ou tratando-se de crime de ação penal pública incondicionada, e; b) suspensão do processo, nos crimes em que a pena mínima cominada seja igual ou inferior a um ano.

Embora não presida a investigação policial, o MP tem a faculdade de requisitar a instauração de inquéritos, sugerir a produção de provas no inquérito, acompanhá-lo e instaurar inquérito civil administrativo, no qual coletará as provas para embasar a acusação em juízo independentemente do inquérito policial.

2.2.4. O Poder Judiciário

É nas salas de audiência do Poder Judiciário que a sociedade, em última instância, recrutará as pessoas que vão desempenhar o papel de delinqüentes. É ao julgador que cabe fixar os fatos e imprimir às normas legais o seu conteúdo definitivo. A ação jurisdicional, nesse contexto, é a mais paradigmática "cerimônia degradante", e a mais eficaz em termos de estigmatização e de manipulação da identidade dos desviantes, compelindo-os a embrenharem-se em "carreiras de delinqüência".

Ainda, a seleção operada pelo Judiciário condiciona drasticamente a seleção de todas as demais instâncias formais de controle situadas à jusante (o sistema de execução de penas, principalmente, a prisão) e, por força de *feed-back*, à montante (polícia, Ministério Público etc.).

Segundo Dias e Andrade, a intervenção do Judiciário nos processos de criminalização secundária e seleção dá-se, majoritariamente, nas decisões que tendem à fixação dos fatos, à sua valoração e qualificação jurídico-criminal e, ainda, a dosar a pena, sem esquecer, no entanto, que muitas outras decisões de índole diversa podem ter impacto na seleção.

Para esses autores, apoiados em pesquisas empíricas sobre o funcionamento do sistema judicial, a reconstituição dos fatos é uma atividade criadora e sujeita à intervenção de fatores extrajurídicos, mais ou menos inconscientes. São "teorias", estereótipos, crenças, convicções, símbolos, representações, atitudes etc., que condicionam a percepção do juiz e hierarquizam sua credibilidade nas diferentes construções de realidade apresentadas no processo. O mesmo ocorre com a apreciação das questões de direito e com a dosimetria da pena, que apesar de serem campos de ação plenos de normatividade, não há como preencher o "programa" do legislador sem a contribuição dos *second codes* do próprio julgador (Dias e Andrade, 1992, p. 501-16).

Outro dado da criminologia da seleção efetuada pelo Judiciário é a comprovada relutância de os juízes condenarem à prisão pessoas egressas da elite e das classes médias da sociedade. Na percepção dos citados autores portugueses (p. 536), "as coisas são particularmente ostensivas em relação aos delinquentes contra a economia. O reduzido número de processos que lhes são instaurados, se não terminam com absolvição, dão lugar a condenações muitas vezes puramente simbólicas, sem o estigma e os custos da prisão".

Finalmente, sob a perspectiva da Criminologia Radical, a "teoria da justiça de classe" põe em evidência a inserção e o papel do juiz no contexto dos grandes conflitos de classe. Pela sua origem, cultura e interesses, o juiz é um agente credenciado pela classe dominante, na opressão das classes exploradas.

> "A teoria da justiça de classe não se limita a chamar a atenção para as desigualdades materiais (de riqueza e poder) dos diferentes participantes no processo: denuncia igualmente os privilégios ou mesmo o monopólio das classes dominantes em relação ao universo simbólico do tribunal, com seus cânones de acção e de expressividade." (Dias e Andrade, 1992, p. 557).

3. A criminalidade contra a ordem tributária federal no Rio Grande do Sul

Com o intuito de verificar como se dá o processo de definição e seleção secundária da criminalidade econômica, especificamente aquela praticada por particulares contra a ordem tributária federal, concebeu-se uma investigação empírica mediante a análise das Representações Fiscais Para Fins Penais formalizadas pelos Auditores-Fiscais da Receita Federal no Rio Grande do Sul, relativas a fatos definidos como crime nos artigos 1º e 2º da Lei nº 8.137/90.

Dada a imperiosa necessidade de restringir a amplitude do objeto da análise, decidiu-se limitar a investigação aos processos formalizados durante cinco anos contados regressivamente a partir de 1º de janeiro de 2001, data fixada como início da coleta de dados, certo de que essa amplitude de tempo confere à amostra razoável representatividade e consistência face aos objetivos específicos da pesquisa.[51]

A opção pela criminalidade econômica que afeta a ordem tributária foi feita em atenção à sugestão dada por Castilho (1998, p.19), de que o controle penal da criminalidade econômica caracteriza-se pela exclusão e tem como principal agente uma instituição não-penal, que faz a seleção básica, utilizando-se de parâmetros pouco transparentes e escassamente submetidos a qualquer fiscalização. A opção levou em conta ainda a relativa centralização das informações, haja vista a competência legal da Secretaria da Receita Federal para a fiscalização dos tributos e para dizer, no âmbito dos tributos federais, se há, ou não, fato gerador de obrigação tributária. No exercício dessa atribuição regimental, que independe de provocação, normalmente são identificadas condutas que causam danos aos valores que presidem o funcionamento do sistema tributário. Esses fatos podem, nada obstante, vir a público por outras vias, até porque a SRF pode omitir-se da fiscalização. Todavia, não resta dúvida, a maioria dos casos de comunicação de

---

[51] Da entrada em vigor da Lei até 31/12/2000, a Secretaria da Receita Federal no Rio Grande do Sul, por seus Auditores-Fiscais, formalizou um total de 3.102 processos de Representação. No período coberto pela investigação, foram manipulados 2.453 processos (79%).

condutas que em tese configuram crime contra a ordem tributária federal decorrem de prévio procedimento administrativo instaurado por esse Órgão e do dever jurídico de representação expresso, atualmente, no Decreto nº 2.730/98 do Presidente da República. Mesmo as comunicações originadas de outros órgãos acabarão tramitando pela SRF, que deverá quantificar o dano, apurando o crédito tributário eventualmente sonegado.

O rastreamento dos casos de representação em todas as dez superintendências da Receita Federal do País demandaria o alargamento do espaço de tempo disponível para a pesquisa empírica. Foi por essa razão que se decidiu restringi-la à 10ª Região Fiscal, que jurisdiciona o Rio Grande do Sul.

O destinatário final das representações é o Ministério Público Federal. Na investigação conduzida por Castilho, a organização interna e a forma de atuação daquele Órgão permitiram razoável recuperação das informações. Infelizmente, não encontramos a mesma facilidade no que pertine aos crimes contra a ordem tributária. Não há, no MP Federal, sistema consolidado de controle informatizado das representações recebidas que cubra todo o período investigado. Impossibilitado por isso o rastreamento dos processo no MP e, por conseqüência, no Judiciário, nos moldes em que Castilho o realizou, optou-se por restringir a investigação à esfera administrativa, tratando de identificar o processo de definição e os mecanismos de seleção intrínsecos à atuação da SRF.

Coletou-se cópia fotoestática de todos os processos de representação fiscal formalizados no período-alvo. Desse conjunto de 2.453 processos, foram retirados os que tratavam de crimes contra a ordem tributária praticados por particulares, restando 447 processos, que se constituíram em nossa fonte primária.

Durante esse trabalho de coleta, ficou evidente a debilidade dos controles da Secretaria da Receita Federal sobre o andamento desses processos, não obstante a preocupação da instituição com a qualidade formal dos mesmos.[52] Somente em 15/12/1999, com a publicação da Portaria SRF nº 1.365, é que se passou a controlá-los de forma sistemática.

Dada a inexistência de um sistema informatizado que habilitasse a consulta aos dados consolidados dos processos, e no intuito de facilitar a elaboração de quadros estatísticos, tabelas, gráficos e relações, transcreveram-se os dados abaixo para um arquivo magnético MSACCESS:

a) número do processo de Representação Fiscal Para Fins Penais;
b) data de protocolização do processo de RFPFP;
c) circunscrição da SRF que jurisdiciona o representado;

---

[52] Em janeiro de 1995, a Coordenação-Geral do Sistema de Fiscalização da SRF editou a versão 1.0 do Manual de Representação Fiscal Para Fins Penais.

d) número de inscrição do representado nos cadastros da SRF;

e) natureza jurídica do representado (pessoa física ou jurídica);

f) conduta detectada;

g) capitulação na Lei 8.137/90 proposta;

h) tributo relacionado com a conduta;

i) montante do dano (crédito tributário relacionado);

j) caracterização sumária da conduta;

l) receita bruta declarada, no exercício fiscal de 1998, pela pessoa jurídica representada;

m) rendimento anual bruto declarado, no exercício de 2000, pelo representado pessoa física;

n) setor de atividade da pessoa jurídica representada;

o) atividade principal da pessoa física representada;

p) situações especiais em que se insere o representado (imunidade, isenção, extinção, omissão na apresentação declaração do imposto de renda), e;

q) porte do representado.

Da tabulação desses dados, foram elaborados os demonstrativos a seguir relacionados.

3.1. Quadros estatísticos, tabelas e gráficos

Para análise dos dados e extração de evidências quantitativas e qualitativas dos mecanismos de seleção secundária exercitados pela Secretaria da Receita Federal, foram elaborados os seguintes demonstrativos:

a) tabelas 7, 8 e 9, quantificando, para o período de tempo focalizado, respectivamente, as ações fiscais e o montante de crédito tributário recuperado, os processos de representação fiscal formalizados pela SRF e o montante do crédito tributário relacionado, e os processos de representação fiscal com tipificação nos artigos 1º e 2º da Lei nº 8.137/90, com o correspondente montante de crédito tributário. O gráfico 1 retrata as informações da tabela 9 de forma consolidada;

b) tabela nº 10 e gráfico 6, quantificando as RFPFP por jurisdição do representado. A tabela nº 11 e o gráfico 7 restringem essa quantidade aos processos formalizados contra pessoas jurídicas, enquanto a tabela nº 12 e o gráfico 8, às pessoas físicas;

c) tabela 13 e gráfico 9, quantificando os processos de RFPFP por conduta. A tabela 14 e o gráfico 10 quantificam os processos relativamente ao montante de crédito tributário relacionado;

d) tabelas 15 e 16, acompanhadas dos gráficos correspondentes 11 e 12, retratando o número de processos de RFPFP por porte do contribuinte pessoa jurídica e pessoa física, respectivamente. O critério utilizado para a estratificação foi o estabelecido pela Portaria COFIS nº 10, de 25/11/1999, que assim classifica os contribuintes:

PORTE DAS PESSOAS JURÍDICAS

Porte	Receita Bruta Anual (R$)	
	Valor Mínimo	Valor Máximo
Pequeno (P)	Não há	3.000.000,00
Médio (M)	3.000.000,01	50.000.000,00
Grande (G)	50.000.000,01	Não há

PORTE DAS PESSOAS FÍSICAS

Porte	Receita Bruta Anual (R$)	
	Valor Mínimo	Valor Máximo
Pequeno (P)	Não há	50.000,00
Médio (M)	50.000,01	250.000,00
Grande (G)	250.000,01	Não há

e) tabelas 17 e 18, quantificando os rendimentos anuais brutos médios dos representados pessoas físicas e jurídicas, respectivamente, com os gráficos 13 e 14 correspondentes;

f) tabela 19 e gráfico 15, quantificando os processos de RFPFP por dispositivo da Lei nº 8.137/90;

g) tabela 20 e gráfico 16, quantificando os processos de RFPFP por tributo principal sonegado.

h) tabela 21 e gráfico 17, quantificando o montante do crédito tributário correspondente por tributo principal sonegado.

i) tabela 22 e gráfico 18, retratando a formação acadêmica dos AFRF da SRF;

j) gráfico 14, retratando a evolução no tempo da quantidade da mão-de-obra fiscal da SRF no Rio Grande do Sul;

l) tabela 23 e gráfico 20, quantificando os processos de RFPFP por ramo de atividade da pessoa jurídica;

m) tabelas 24 quantificando os processos de RFPFP por conduta praticada por pessoa jurídica por jurisdição, e a tabela 25 quantificando por pessoa física, juntamente com o gráfico 21 representanto o número de processos por atividade principal de pessoa física;

n) tabela 26 quantificando os processos de RFPFP contra pessoa física por conduta por jurisdição;

o) tabelas 27, 28, de referência cruzada, quantificando o montante do crédito tributário relacionado, respectivamente, por jurisdição do representado por tributo sonegado; e por conduta praticada por jurisdição do representado.

PROCEDIMENTOS FISCAIS COM RESULTADO TRIBUTÁRIO		
ANO	Nº DE PROCEDIMENTOS	CRÉDITO TRIBUTÁRIO (R$)
1997	5.073	526.080,00
1998	6.882	1.032.821,00
1999	4.617	910.550,00
2000	5.564	1.321.271,00
TOTAL	31.392	4.802.562,00

Tabela 7: Número de procedimentos fiscais e crédito tributário recuperado

PROCESSOS DE REPRESENTAÇÃO FISCAL PARA FINS PENAIS FORMALIZADOS NA 10ª REGIÃO FISCAL		
ANO	Nº TOTAL DE PROCESSOS	CRÉDITO TRIBUTÁRIO (R$)
1996	1.347	170.120.773,53
1997	551	31.823.898,76
1998	465	90.881.721,51
1999	43	102.603.353,81
2000	47	69.935.279,38
TOTAL	2.453	465.365.026,99

Tabela 8: Número de processos de RFPFP e crédito tributário relacionado

PROCESSOS DE REPRESENTAÇÃO FISCAL PARA FINS PENAIS FORMALIZADOS NA 10ª REGIÃO FISCAL COM TIPIFICAÇÃO NOS ARTIGOS 1º E 2º DA LEI 8.137/90		
ANO	Nº TOTAL DE PROCESSOS	CRÉDITO TRIBUTÁRIO (R$)
1996	122	145.493.110,43
1997	32	521.018.341,39
1998	60	107.534.150,55
1999	104	233.175.045,34
2000	129	236.366.145,62
TOTAL	447	1.243.586.793,33

Tabela 9: Número de processos de RFPF com tipificação nos arts. 1º e 2º da Lei 8.137/90 e crédito tributário relacionado

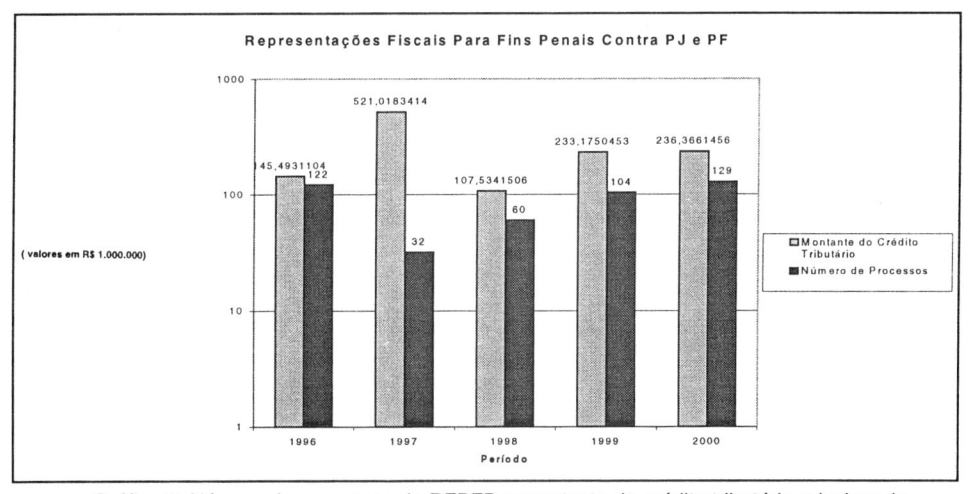

Gráfico 5: Número de processos de RFPFP e montante do crédito tributário relacionado

NÚMERO DE PROCESSOS DE RFPFP POR JURISDIÇÃO	
Jurisdição	Número de Processos
Chuí	1
Caxias do Sul	66
Novo Hamburgo	92
Porto Alegre	105
Pelotas	10
Passo Fundo	75
Rio Grande	12
Santa Cruz do Sul	1
Sant'Anna do Livramento	22
Santa Maria	48
Santo Ângelo	13
Uruguaiana	2
Total	447

Tabela 10: Número de processos de RFPFP por jurisdição

NÚMERO DE PROCESSOS DE RFPFP CONTRA PJ POR JURISDIÇÃO	
Jurisdição	Número de Processos
Chuí	1
Caxias do Sul	63
Novo Hamburgo	81
Porto Alegre	86
Pelotas	9
Passo Fundo	65
Rio Grande	4
Santa Cruz do Sul	1
Sant'Anna do Livramento	10
Santa Maria	33
Santo Ângelo	13
Uruguaiana	2
Total	368

Tabela 11: Número de processos de RFPFP contra PJ por jurisdição

NÚMERO DE PROCESSOS DE RFPFP CONTRA PF POR JURISDIÇÃO	
Jurisdição	Número de Processos
Caxias do Sul	3
Novo Hamburgo	11
Porto Alegre	19
Pelotas	1
Passo Fundo	10
Rio Grande	8
Sant'Anna do Livramento	12
Santa Maria	15
Total	79

Tabela 12: Número de processos de RFPFP contra PF por jurisdição

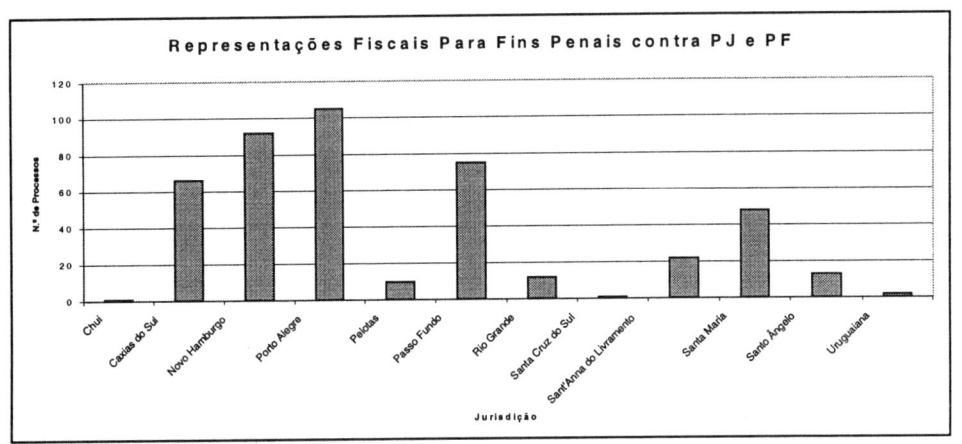

Gráfico 6: Número de processos de RFPFP por jurisdição

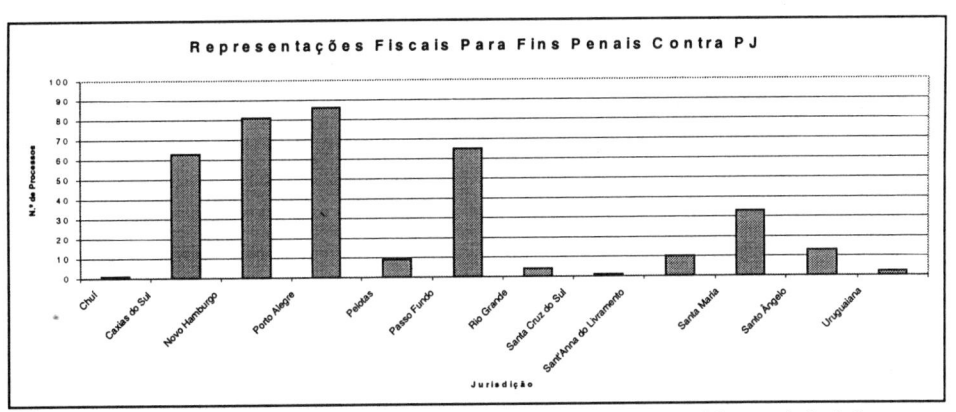

Gráfico 7: Número de processos de RFPFP contra pessoa jurídica por jurisdição

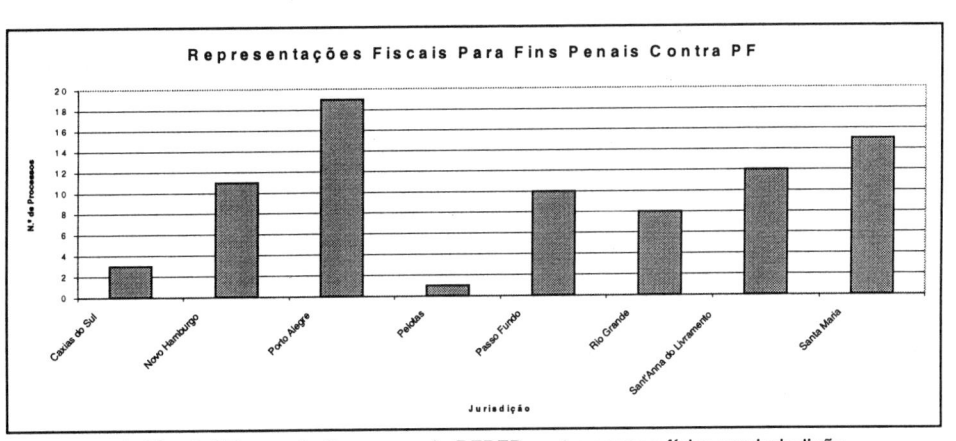

Gráfico 8: Número de Processos de RFPFP contra pessoa física por jurisdição

NÚMERO DE PROCESSOS DE RFPFP POR CONDUTA	
Conduta	Número de Processos
Acréscimo Patrimonial a Descoberto	13
Alíquota e/ou Classificação Fiscal Incorreta	5
Apropriação Indébita de IPI	74
Apropriação Indébita de IRRF	49
Bens do Ativo Permanente Não Contabilizados	1
Crédito Básico de IPI Indevido	1
Custos / Despesas Fictícios	10
Declaração Falsa	26
Depósitos Bancários Não Contabilizados	4
Desvio de Finalidade	3
Falsificação de DARF	8
Falsificação de Documento Particular	4
Falsificação de Documento Público	1
Falta de Emissão de Nota Fiscal	17
Guia de Importação Falsa	6
Nota Fiscal Calçada	39
Nota Fiscal Fria	27
Omissão de Compras	1
Omissão de Receitas	82
Omissão de Rendimentos	47
Passivo Ficitício	5
Recibos Inidôneos	12
Selo de Controle do IPI Falso	6
Subfaturamento na Importação	3
Suprimento de Numerário	3
Total	447

Tabela 13: Número de processos de RFPFP por conduta

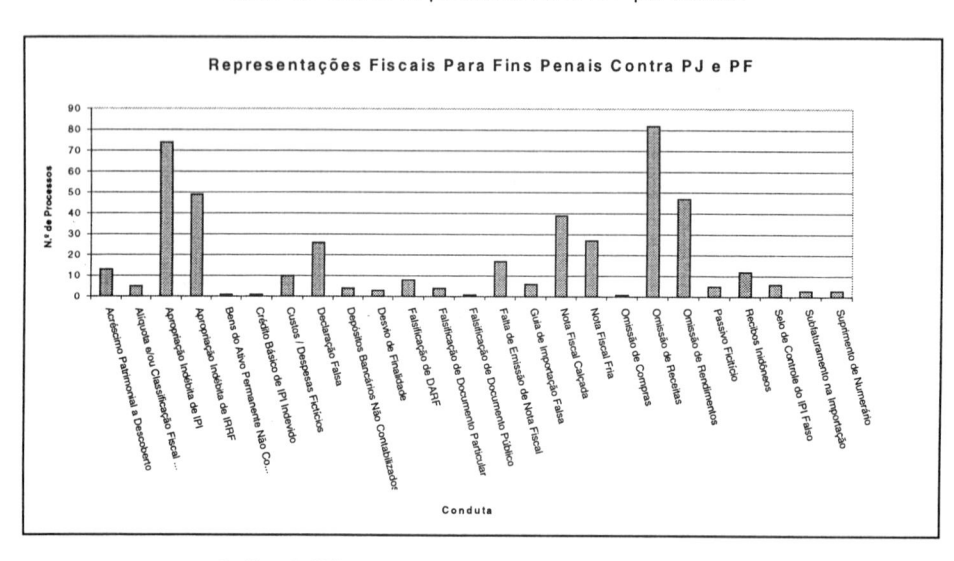

Gráfico 9: Número de processos de RFPFP por conduta

MONTANTE DO CRÉDITO TRIBUTÁRIO RELACIONADO COM PROCESSOS DE RFPFP POR CONDUTA	
Conduta	Montante do Crédito Tributário (R$)
Acréscimo Patrimonial a Descoberto	36.633.497,10
Alíquota e/ou Classificação Fiscal Incorreta	7.890.247,53
Apropriação Indébita de IPI	123.138.113,90
Apropriação Indébita de IRRF	12.596.166,10
Bens do Ativo Permanente Não Contabilizados	21.790,64
Crédito Básico de IPI Indevido	1.787.290,20
Custos / Despesas Fictícios	40.195.189,13
Declaração Falsa	91.659.204,05
Depósitos Bancários Não Contabilizados	16.484.898,99
Desvio de Finalidade	6.829.348,13
Falsificação de DARF	133.314,06
Falsificação de Documento Particular	779.384,59
Falsificação de Documento Público	145.350,10
Falta de Emissão de Nota Fiscal	36.062.326,83
Guia de Importação Falsa	336.022,99
Nota Fiscal Calçada	27.185.336,62
Nota Fiscal Fria	531.692.644,20
Omissão de Compras	387.224,91
Omissão de Receitas	217.288.293,23
Omissão de Rendimentos	49.728.033,69
Passivo Fictício	27.662.285,96
Recibos Inidôneos	225.477,92
Selo de Controle do IPI Falso	19.075,66
Subfaturamento na Importação	12.767.827,28
Suprimento de Numerário	1.938.449,52
Total	1.243.586.793,33

Tabela 14: Montante do crédito tributário relacionado com processos de RFPFP por conduta

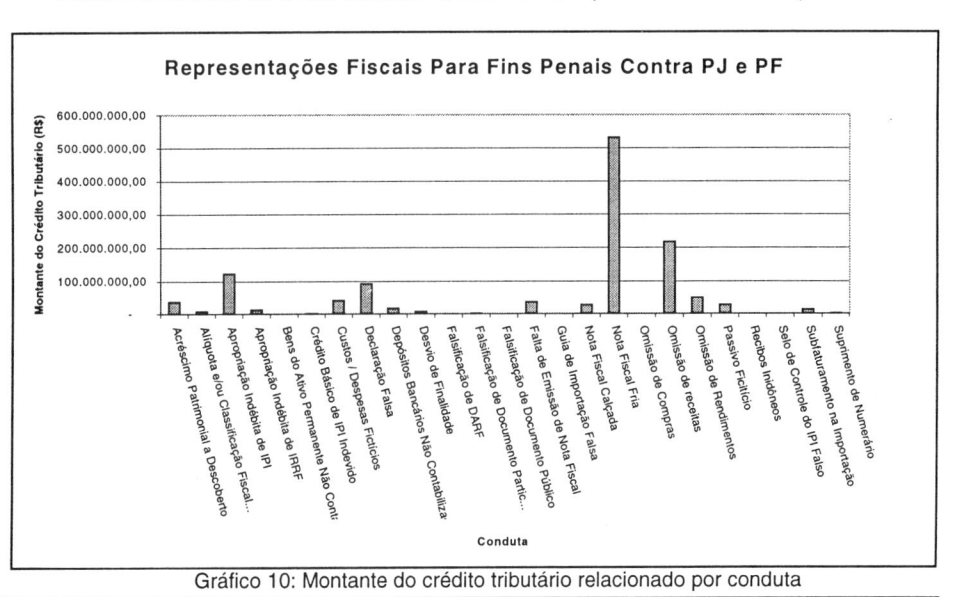

Gráfico 10: Montante do crédito tributário relacionado por conduta

NÚMERO DE PROCESSOS DE RFPFP CONTRA PJ POR PORTE	
Porte	Número de Processos
N/I	78
G	17
M	74
P	199
Total	368

Tabela 15: Número de processos de RFPFP contra PJ por porte

NÚMERO DE PROCESSOS DE RFPFP CONTRA PF POR PORTE	
Porte	Número de Processos
N/I	2
G	7
M	25
P	45
Total	79

Tabela 16: Número de processos de RFPFP contra PF por porte

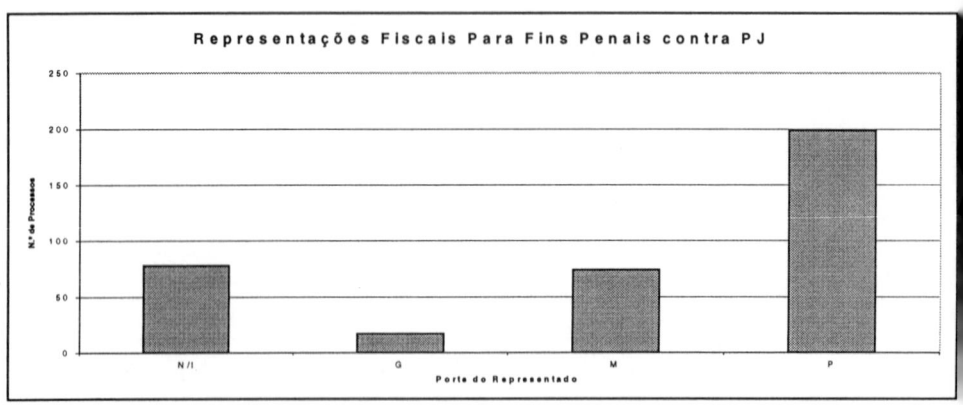

Gráfico 11: Número de processos de RFPFP contra pessoa jurídica por porte

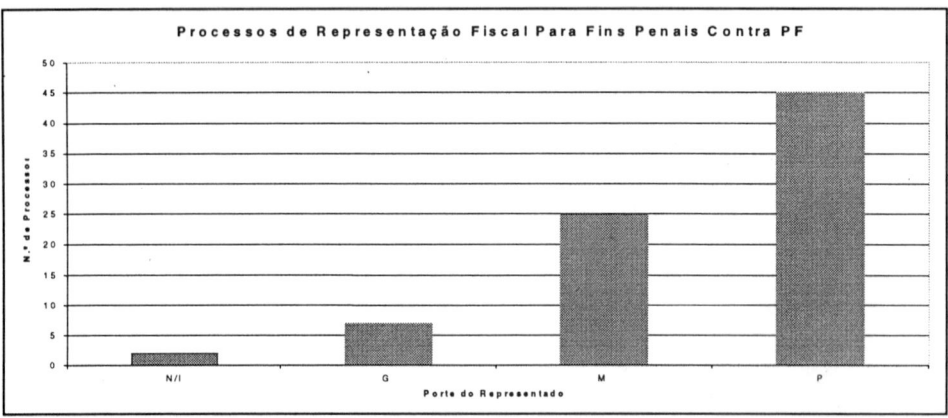

Gráfico 12: Número de processos de RFPFP contra pessoa física por porte

RENDIMENTO BRUTO ANUAL MÉDIO DO REPRESENTADO PF POR JURISDIÇÃO	
Jurisdição	Rendimento Médio
Caxias do Sul	319.969,61
Novo Hamburgo	28.977,06
Porto Alegre	354.096,11
Pelotas	172.731,86
Passo Fundo	31.587,79
Rio Grande	45.728,28
Sant'Anna do Livramento	62.627,78
Santa Maria	85.570,54

Tabela 17: Rendimento bruto anual médio do representado PF por jurisdição

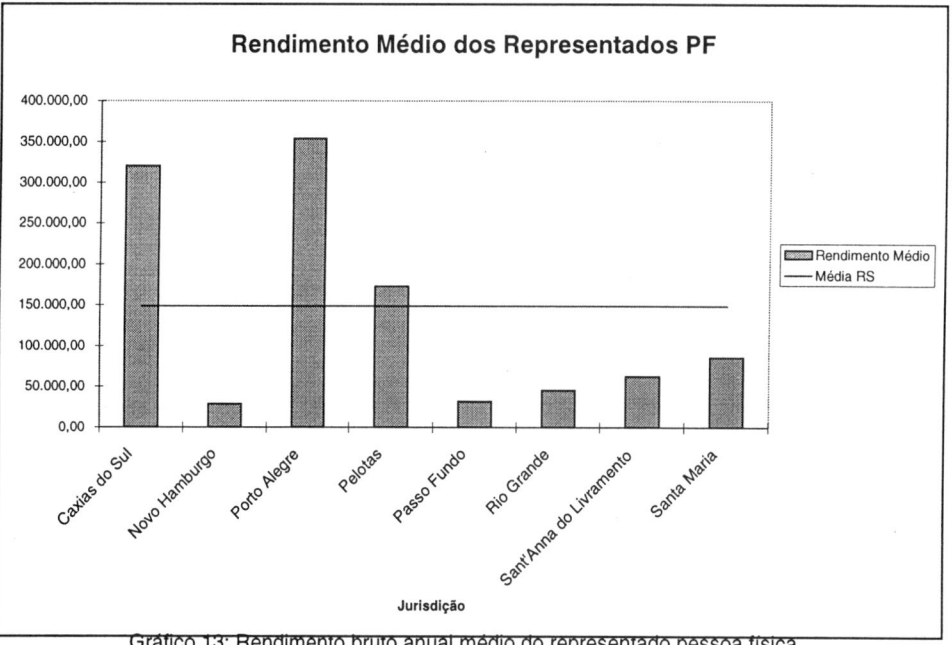

Gráfico 13: Rendimento bruto anual médio do representado pessoa física

RECEITA BRUTA ANUAL MÉDIA DO REPRESENTADO PJ POR JURISDIÇÃO	
Jurisdição	Receita Bruta Média
Chuí	717.186,96
Caxias do Sul	15.063.694,13
Novo Hamburgo	6.463.882,94
Porto Alegre	13.351.061,67
Pelotas	5.318.359,03
Passo Fundo	2.153.176,87
Rio Grande	1.706.915,01
Santa Cruz do Sul	400.000,00
Sant'Anna do Livramento	2.086.288,73
Santa Maria	1.029.330,50
Santo Ângelo	1.201.444,03
Uruguaiana	7.373.757,47

Tabela 18: Receita bruta anual média do representado PJ por jurisdição

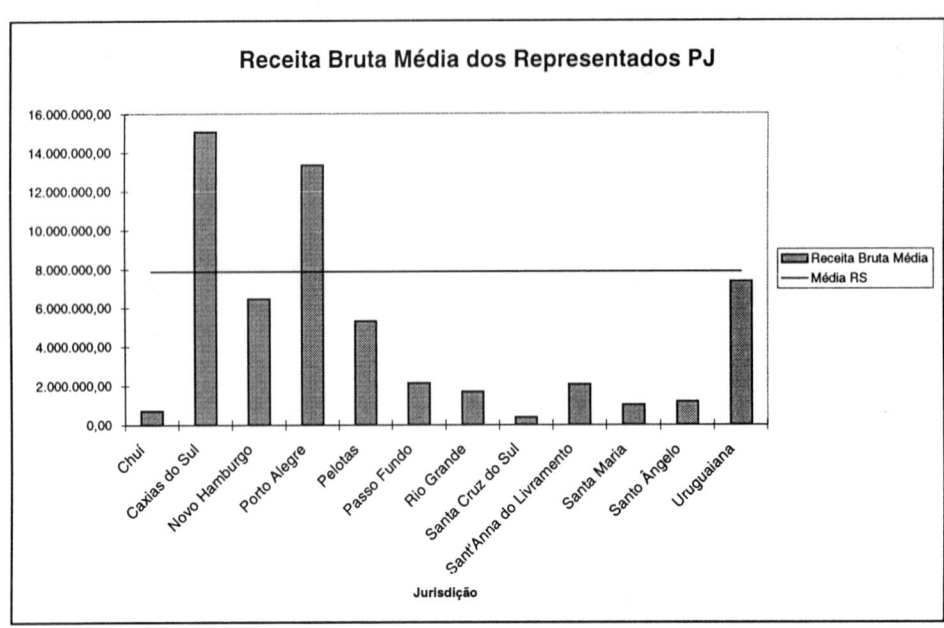

Gráfico 14: Receita bruta anual média do representado pessoa jurídica

NÚMERO DE REPRESENTAÇÕES POR DISPOSITIVO		
Inciso	Artigo 1º	Artigo 2º
I	175	3
II	47	122
III	43	
IV	41	
V	16	
Total	322	125

Tabela 19: Número de processos de RFPFP por artigo da Lei nº 8.137/90

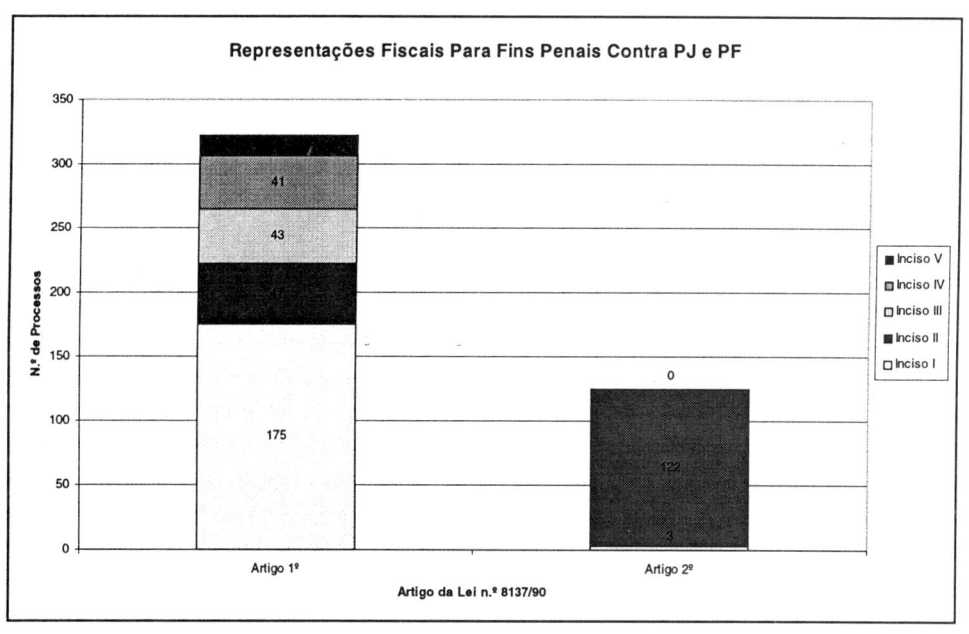

Gráfico 15: Número de processos de RFPFP por artigo da Lei nº 8.137/90

NÚMERO DE PROCESSOS DE RFPFP POR TRIBUTO SONEGADO	
Tributo	Número de Processos
COFINS	6
CONSOC	1
II/IPI	20
IPI	89
IRPF	76
IRPJ	178
IRRF	54
Nihill	4
PIS	4
PIS/COFINS	15
Total	447

Tabela 20: Número de processos de RFPFP por tributo sonegado

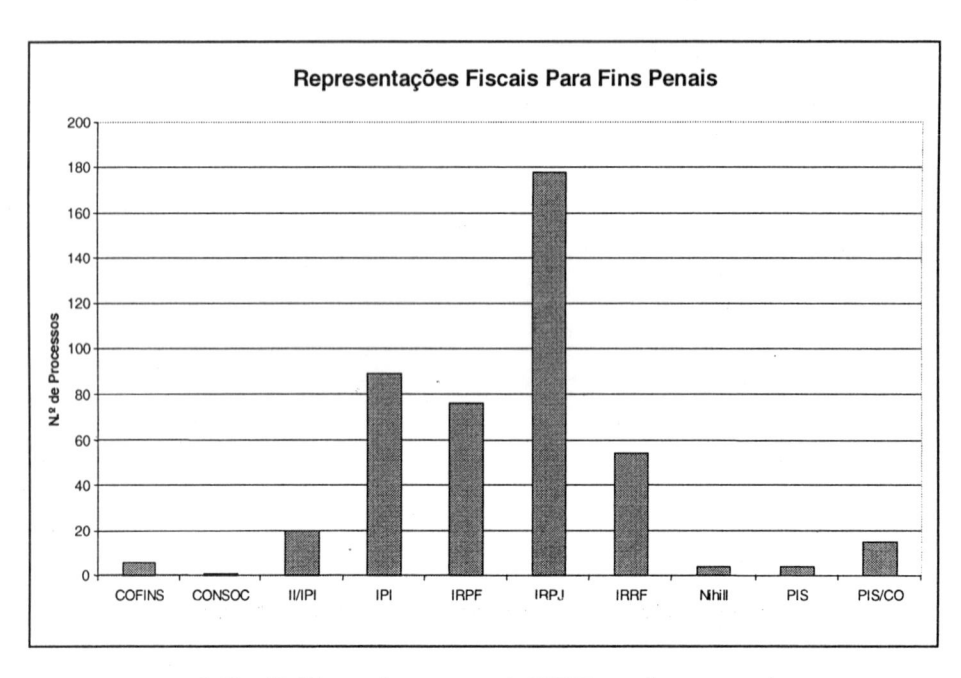

Gráfico 16: Número de processos de RFPFP por tributo sonegado

MONTANTE DO CRÉDITO TRIBUTÁRIO RELACIONADO POR TRIBUTO SONEGADO	
Tributo	Montante do Crédito Tributário (R$)
COFINS	387.862,76
CONSOC	24.029,09
II/IPI	30.919.502,25
IPI	175.515.792,10
IRPF	86.691.601,45
IRPJ	867.421.980,37
IRRF	71.005.109,30
Nihill	495,00
PIS	2.349.858,91
PIS/COFINS	9.270.562,10
Total	1.243.586.793,33

Tabela 21: Montante do crédito tributário relacionado por tributo sonegado

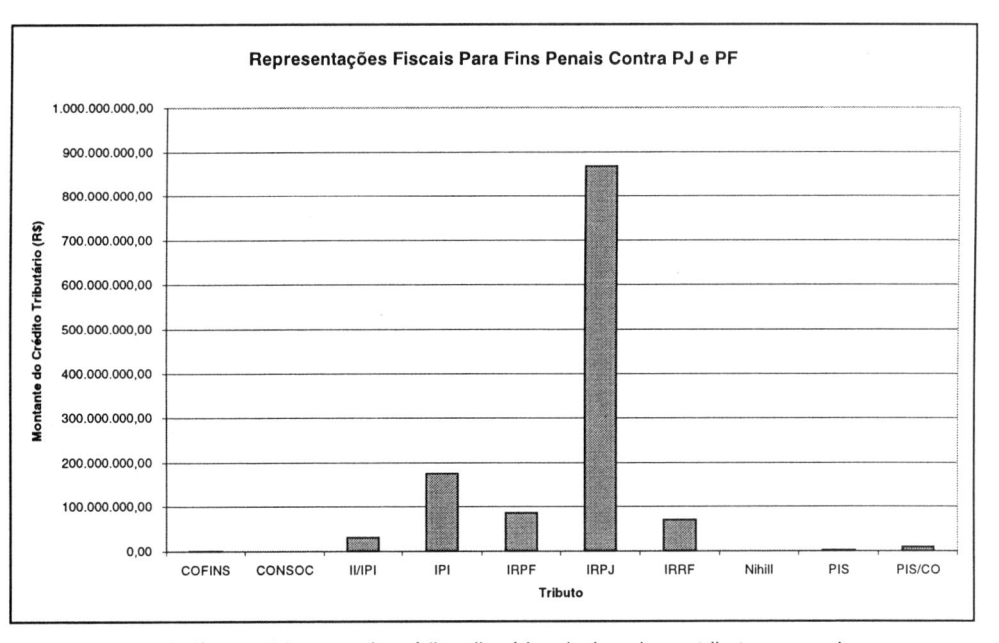

Gráfico 17: Montante do crédito tributário relacionado por tributo sonegado

FORMAÇÃO ACADÊMICA DA MÃO-DE-OBRA FISCAL	
Curso superior	Número de AFRF
Ciências Contábeis	251
Administração de Empresas	162
Ciências Econômicas	78
Engenharia Civil	68
Engenharia Mecânica	53
Engenharia Elétrica	37
Ciências Jurídicas	31
Engenharia Química	27
Letras	24
Engenharia Agronômica	23
Ciências da Computação	15
Matemáticas	14
Estudos Sociais	13
Educação Física	12
Administração Pública	11
Arquitetura	10
Engenharia Eletrônica	10
Nutrição	9

Tabela 22: Formação acadêmica da mão-de-obra fiscal

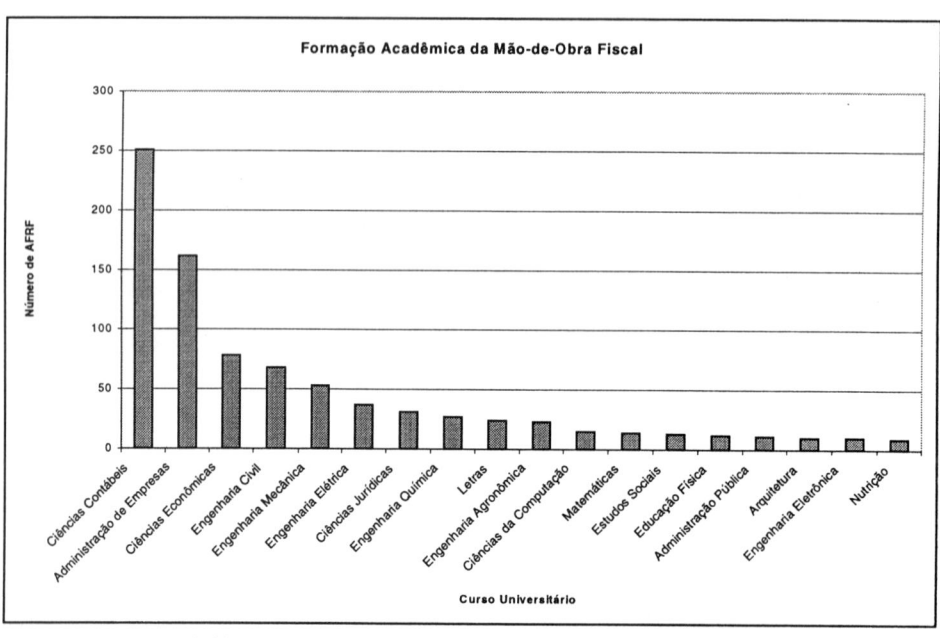

Gráfico 18: Formacão acadêmica da mão-de-obra fiscal

ALEXANDRE KERN

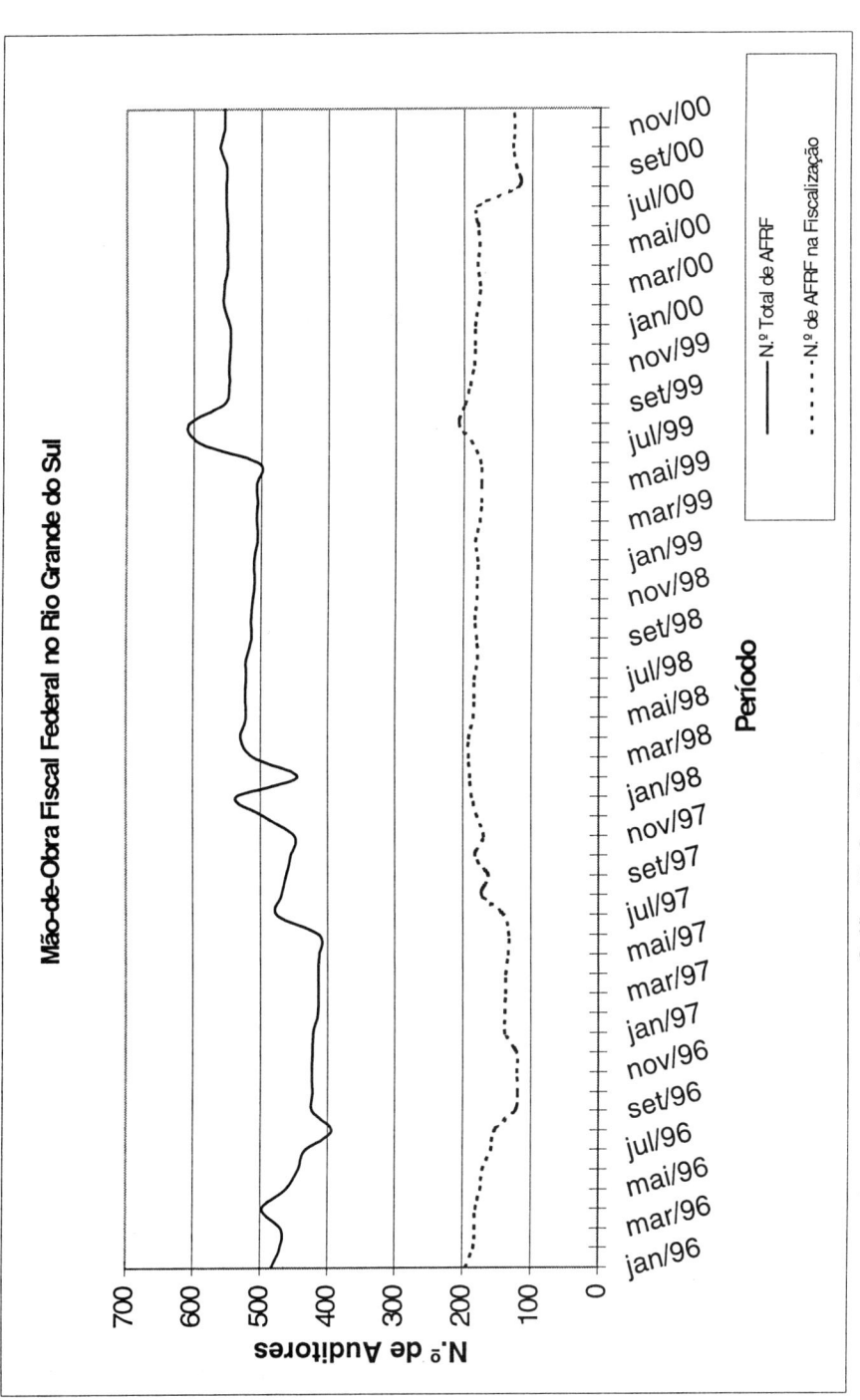

Gráfico 19: Quantitativo da mão-de-obra fiscal federal no Rio Grande do Sul

NÚMERO DE PROCESSOS DE RFPFP POR SETOR DE ATIVIDADE DA PESSOA JURÍDICA REPRESENTADA	
Atividade	N.º de Processos
Educação Média de Formação Técnica e Profissional	21
Abate de Reses, Preparação de Prod. de Carne	19
Aluguel de Imóveis	13
Ativ. Auxiliares dos Seguros e da Previdência Privada	11
Ativ. de Agências de Notícias	9
Ativ. de Agências de Viagens e Organizadores de Viagem	9
Ativ. de Assessoria em Gestão Empresarial	8
Ativ. de Atendimento Hospitalar	6
Ativ. de Contabilidade e Auditoria	6
Ativ. de Investigação, Vigilância e Segurança	6
Ativ. de Limpeza em Prédios e Domicílios	6
Ativ. de Organizações Religiosas	6
Ativ. de Serv. de Complementação Diagnóstico ou Terapêutico	6
Ativ. de Serv. Relacionados com a Agricultura	6
Ativ. de Televisão	5
Ativ. Desportivas	5
Ativ. Jurídicas	5
Beneficiamento de Arroz e Fabricação de Prod. do Arroz	4
Com. a Varejo de Combustíveis	4
Com. a Varejo e por Atacado de Peças e Acessórios para Veíc. Automotores	4
Com. a Varejo e por Atacado de Veículos Automotores	3
Com. Atac. de Animais Vivos	3
Com. Atac. de Artigos de Escritório e Papelaria ...	3
Com. Atac. de Bebidas	3
Com. Atac. de Eletrodomésticos e outros Equip. de uso Pessoal e Doméstico	3
Com. Atac. de Máquinas, Aparelhos e Equipamentos p/ uso Agropecuário	3
Com. Atac. de Máquinas, Aparelhos e Equipamentos p/ uso Industrial ...	3
Com. Atac. de Mercadorias em Geral (não especializado)	3
Com. Atac. de outros Artigos de Uso Pessoal e Doméstico, não esp. anter...	3
Com. Atac. de outros Prod. Alimentícios, não esp. anteriormente	3
Com. Atac. de Prod. Agrícolas "in natura"; Produtos Alimentícios p/ Animais	3
Com. Atac. de Prod. do Fumo	3
Com. Atac. de Prod. Extrativos de Origem Mineral	3
Com. Atac. de Prod. Farmacêuticos, Médicos, Ortodônticos e Odontológicos	3
Com. Atac. de Prod. Quimicos	3
Com. Atac. Especializado em Mercadorias não Especificadas Anteriormente	3
Com. Varejista de Artigos do Vestuário e Complementos	3
Outros setores de atividade com menos de três processos	158
Total	368

Tabela 23: Número de processos por setor de atividade (PJ)

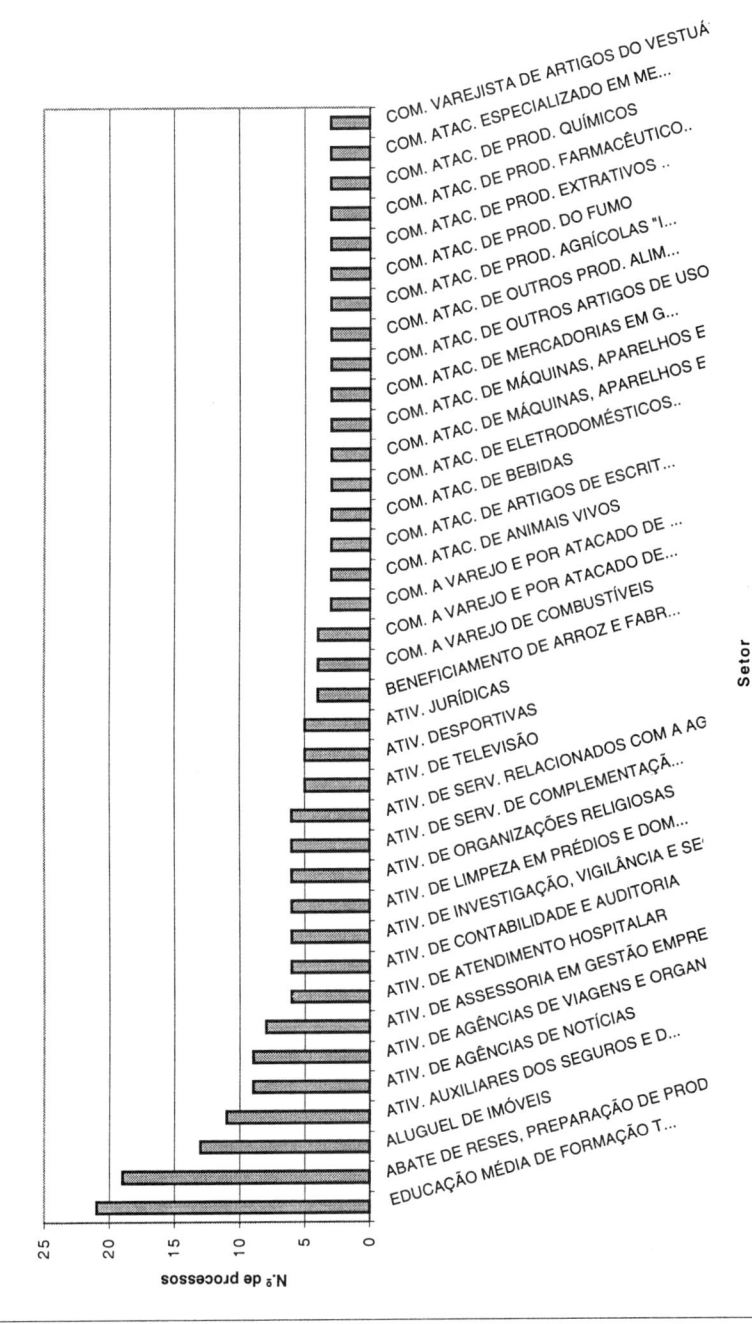

Gráfico 20: Número de processos de PFPFP por setor de atividade pessoa jurídica

Conduta - PJ	N.º de Processos	Chuí	Caxias do Sul	Novo Hamburgo	Porto Alegre	Pelotas	Passo Fundo	Rio Grande	Santa Cruz do Sul	Santanna do Livramento	Santa Maria	Santo Ângelo	Uruguaiana
NÚMERO DE PROCESSOS DE RFPFP CONTRA PESSOA JURÍDICA POR CONDUTA POR JURISDIÇÃO													
Alíquota e/ou Classificação Fiscal Incorreta	5			1	3	1							
Apropriação Indébita de IPI	74		21	13	15	1	20				4		
Apropriação Indébita de IRRF	48		1	13	18	1	1				10	4	
Bens do Ativo Permanente Não Contabilizados	1						1						
Crédito Básico de IPI Indevido	1		1										
Custos / Despesas Fictícios	10		1	2	5							2	
Declaração Falsa	26		12	11	2					1			
Depósitos Bancários Não Contabilizados	4		1		3								
Desvio de Finalidade	3			1	2								
Falsificação de DARF	6		2								4		
Falsificação de Documento Particular	2				2								
Falsificação de Documento Público	1			1									
Falta de Emissão de Nota Fiscal	17		1	1	7		4			1	2	1	
Guia de Importação Falsa	6					2				4			
Nota Fiscal Calçada	39		5	2	8	1	13	1	1		2	4	2
Nota Fiscal Fria	25		3	8	5		6	1			1	1	
Omissão de Compras	1						1						
Omissão de Receitas	82	1	13	27	14	1	11	2		4	9		
Passivo Fictício	5		2	1			2						
Selo de Controle do IPI Falso	6					2	3				1		
Subfaturamento na Importação	3				2							1	
Suprimento de Numerário	3						3						
Total	368	1	63	81	86	9	65	4	1	10	33	13	2

Tabela 24: Número de processos de RFPFP contra pessoa jurídica por conduta por jurisdição

NÚMERO DE PROCESSOS DE RFPFP POR ATIVIDADE PRINCIPAL DA PESSOA FÍSICA REPRESENTADA POR JURISDIÇÃO									
Atividade Principal	Número de Processos	Caxias do Sul	Novo Hamburgo	Porto Alegre	Pelotas	Passo Fundo	Rio Grande	Santana do Livramento	Santa Maria
ADVOGADO	7		2	2			2	1	
AGRÔNOMO	1								1
APOSENTADO/PENSIONISTA	4						3	1	
ATLETA PROFISSIONAL	2			2					
BANCÁRIO	3	1				1		1	
CONTADOR	2		2						
DELEGADO DE POLÍCIA	1			1					
DESENHISTA	1							1	
EMPREGADO DO SETOR PRIVADO	3			2		1			
MÉDICO	9			2		1	2		4
N/I	7		1			3	1	1	1
ODONTÓLOGO	1								1
PROFESSOR	2			1					1
PSICÓLOGO	2			1				1	
REPRESENTANTE COMERCIAL	1								1
SERVIDOR PÚBLICO	5					1		3	1
SERVIDOR PÚBLICO APOSENTADO	2			1					1
TABELIÃO	2	1			1				
TÉCNICO EM CONTABILIDADE	4		4						
TITULAR DE PJ	20	1	2	7		3		3	4
Total	79	3	11	19	1	10	8	12	15

Tabela 25: Número de processos de RFPFP por atividade principal da pessoa física representada por jurisdição

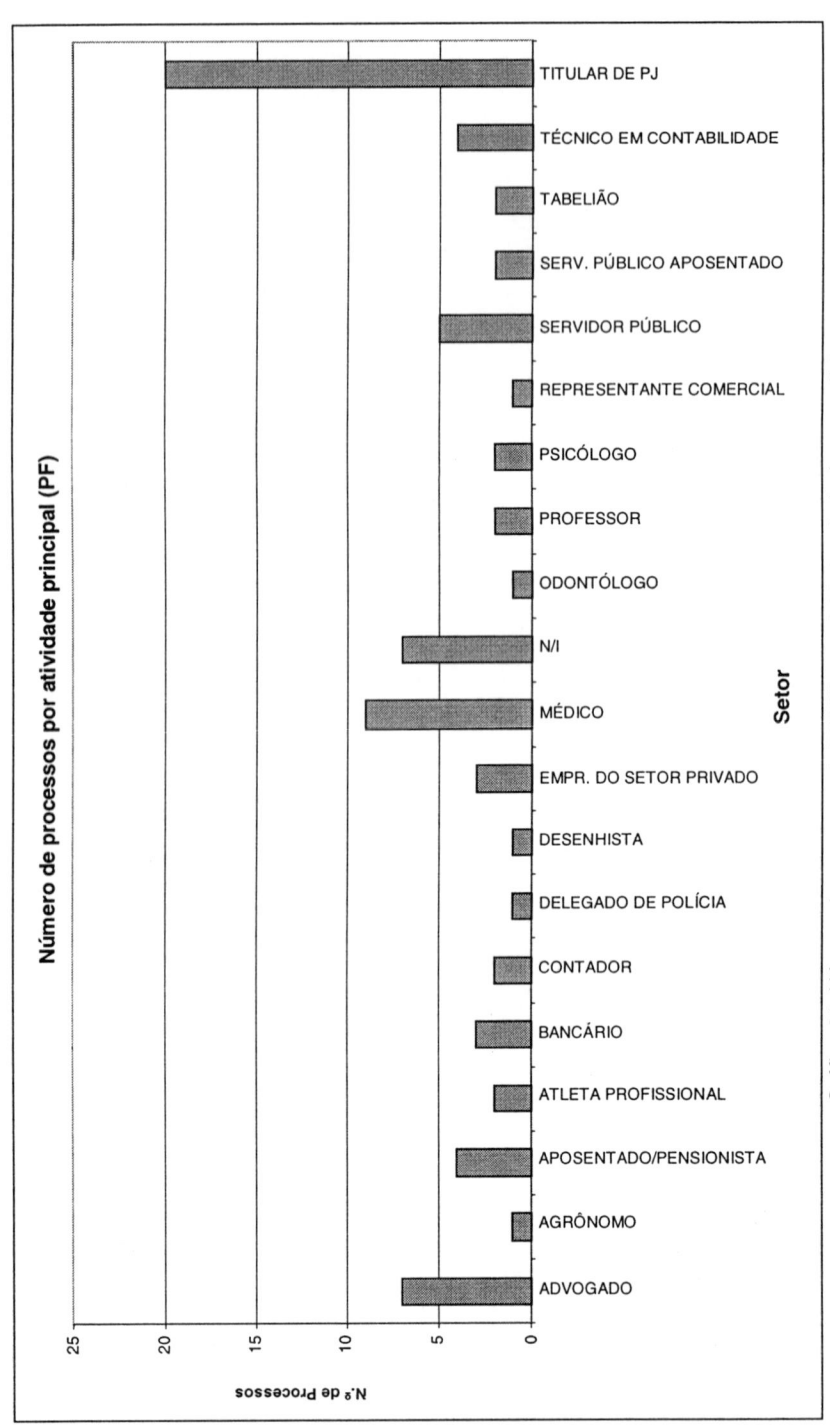

Gráfico 21: Número de processos de PFPFP por atividade principal pessoa física

NÚMERO DE PROCESSOS DE RFPFP CONTRA PESSOA FÍSICA POR CONDUTA POR JURISDIÇÃO									
Conduta PF	N.º Processos	Caxias do Sul	Novo Hamburgo	Porto Alegre	Pelotas	Passo Fundo	Rio Grande	Santana do Livramento	Santa Maria
Acréscimo Patrimonial a Descoberto	13	1	1	3			1	7	
Apropriação Indébita de IRRF	1			1					
Falsificação de DARF	2		1						1
Falsificação de Documento Particular	2		2						
Nota Fiscal Fria	2							1	1
Omissão de Rendimentos	47	2	7	6	1	7	7	4	13
Recibos Inidôneos	12			9		3			
Total	79	3	11	19	1	10	8	12	15

Tabela 26: Número de processos de RFPFP contra pessoa física por conduta por jurisdição

MONTANTE DO CRÉDITO TRIBUTÁRIO RELACIONADO POR JURISDIÇÃO E POR TRIBUTO SONEGADO (R$)											
Jurisdição	COFINS	CONSOC	II/IPI	IPI	IRRF	IRPF	IRPJ	IRRF	NIHILL	PIS	PIS/COFINS
Chuí							1.168.396,79				
Caxias do Sul	20.726,89			74.316.896,18		1.992.747,87	113.580.503,72	116.950,75		2.229.848,12	4.873.408,28
Novo Hamburgo	50.819,98	24.029,09	348.732,80	36.474.466,08	167.740,71	781.246,56	69.056.962,69	3.679.127,07		16.516,42	995.772,59
Porto Alegre			29.889.767,83	60.088.547,49		7.642.718,20	155.937.358,10	61.379.229,10			3.401.381,23
Pelotas			365.026,43	97.997,17		12.395,87	6.221.917,70	12.996,63			
Passo Fundo				2.666.395,25		614.893,39	471.095.090,25	151.515,65			
Rio Grande						12.752.699,30	1.178.420,89				
Santa Cruz do Sul							578.114,62				
Santana do Livramento	313.480,37		24.789,58			61.365.494,00	57.843,91	3.973.838,78		103.494,37	
Santa Maria	2.835,52			1.871.489,93		1.529.406,26	33.582.630,51	714.234,51	495,00		
Santo Ângelo			291.185,61				1.613.721,76	809.476,10			
Uruguaiana							13.351.019,43				
Total	387.862,76	24.029,09	30.919.502,25	175.515.792,10	167.740,71	86.691.601,45	867.421.980,37	70.837.368,59	495,00	2.349.858,91	9.270.562,10

Tabela 27: Montante do crédito tributário relacionado por jurisdição e por tributo sonegado

MONTANTE DO CRÉDITO TRIBUTÁRIO RELACIONADO POR CONDUTA E POR JURISDIÇÃO (R$)

Conduta	Chuí	Caxias do Sul	Novo Haburgo	Porto Alegre	Pelotas	Passo Fundo	Rio Grande	Santa Cruz do Sul	Santana do Livramento	Santa Maria	Santo Ângelo	Uruguaiana
Acréscimo Patrimonial a Descoberto		619.382,94		5.617.864,03			55.716,37		29.914.857,91			
Aliquota e/ou Classificação Fiscal Incorreta			1.898.309,05	5.938.826,06	53.112,42							
Apropriação Indébita de IPI		57.233.574,55	8.735.535,53	52.625.944,54	97.011,90	2.631.863,82			1.814.183,56			
Apropriação Indébita de IRRF		116.950,75	2.233.988,32	8.557.004,14	12.996,63	151.515,65			714.234,51		809.476,10	
Bens do Ativo Permanente Não Contabilizados						21.790,64						
Crédito Básico IPI Indevido		1.787.290,20										
Custos/Despesas Fictícios		11.202.048,83	12.620.924,66	16.164.509,47							207.706,17	
Declaração Falsa		19.370.408,64	28.471.416,88	39.843.539,75					3.973.838,78			
Depósitos Bancários Não Contabilizados		7.363.882,21		9.121.016,78								
Desvio de Finalidade			348.732,80	6.480.615,33								
Falsificação de DARF		129.983,54								3.330,52		
Falsificação de Documento Particular				779.384,59								
Falsificação de Documento Público			145.350,10									
Falta de Emissão N. Fiscal		3.520,45	162.750,20	17.102.899,86		680.150,40			1.413,69	17.343.867,02	767.725,21	
Guia de Importação Falsa					311.914,01				24.108,98			
Nota Fiscal Calçada		2.397.211,02	64.428,10	731.346,56	3.009.000,62	6.280.057,82	58.244,19	578.114,62		446.192,18	269.722,08	13.351.019,43
Nota Fiscal Fria		1.537.992,01	41.684.898,57	31.141.166,81	.	455.386.251,44	780.638,87		680,60	792.447,60	368.568,30	
Omissão de Compras						387.224,91						
Omissão de Receitas	1.168.396,79	67.579.205,94	14.002.452,66	109.733.388,19	3.212.917,08	5.640.722,64	339.537,83		473.404,96	15.138.267,14		
Omissão de Rendimentos		1.373.364,93	347.818,71	1.820.392,87	12.395,87	593.876,77	12.696.982,93		31.450.636,09	1.432.565,52		
Passivo Fitício		26.416.265,80	453.132,56			792.887,60						
Recibos Inidôneos				204.461,30		21.016,62						
Selo de Contr. do IPI Falso					985,27	2.086,71			16.003,68			
Subfatur. na Importação				12.476.641,67							291.185,61	
Suprimento de Numerário						1.938.449,52						
Total	1.168.396,79	197.131.081,81	111.595.413,99	318.339.001,95	6.710.333,80	474.527.894,54	13.931.120,19	578.114,62	65.838.941,01	37.701.091,73	2.714.383,47	13.351.019,43

3.2. Análise dos resultados

3.2.1. A evidência empírica da ocorrência de seleção

O programa penal implícito aos artigos 1º e 2º da Lei nº 8.137/90 implica que a maior parte dos procedimentos fiscais de exigência de crédito tributário (e.g. autos de infração) sejam acompanhados da lavratura de uma Representação Fiscal Para Fins Penais. Tal conclusão é obrigatória, haja vista que, com a sistemática atual de apresentação da Declaração de Débitos e Créditos Tributários Federais – DCTF, instituída pela Instrução Normativa nº 126, de 13/06/1998, em substituição à Declaração de Contribuições e Tributos Federais - DCTF, instituída pela IN SRF nº 129, de 19/11/1986, que implementou total aplicabilidade ao efeito de confissão de dívida previsto para tais declarações pelo Decreto-Lei nº 2.124, de 13/06/1984, não há mais necessidade de a Fiscalização exigir, em auto de infração, débitos inadimplidos que estejam nela declarados. Assim sendo, em havendo autuação, estar-se-á diante de débito não declarado, fato típico previsto na Lei 8.137/90, o que, de per si, implicará a lavratura de Representação Fiscal Para Fins Penais.

Ora, durante o período fiscalizado, foram empreendidas 31.392 ações fiscais que resultaram em exigência de crédito tributário (tabela nº 7). Nesse mesmo período, foram formalizados tão-somente 2.453 processos de RFPFP – 7,8 % dos procedimentos fiscais (tabela nº 8), sendo que desse total somente 447 – 1,4% do total de autuações (tabela nº 9) – disseram respeito aos artigos 1º e 2º da Lei nº 8.137/90. Eis aí a evidência empírica da ocorrência da seleção secundária, cujos mecanismos nos propusemos a investigar.

3.2.2. Mecanismos da seleção realizada pela Secretaria da Receita Federal

É a Secretaria da Receita Federal, por intermédio das projeções sub-regionais do seu Sistema de Fiscalização, que faz a seleção majoritária dos casos que deverão ser tratados como infrações criminais contra a ordem tributária federal, previstas na Lei nº 8.137/90.

Na impossibilidade de dispormos dos dados do Ministério Público Federal, pelos motivos já citados, não foram apuradas as denúncias oferecidas com base em inquéritos da Polícia Federal ou em outras instâncias informais de controle. Todavia, se considerarmos que todos os inquéritos são encaminhados, em diligência, à SRF, para apuração do montante do crédito tributário, isso é, para a quantificação do dano à ordem tributária, poderemos concluir que nossa hipótese – de que a seleção secundária é feita majoritariamente pela SRF – é verdadeira.

Comprovadamente, não são comunicadas todas as infrações criminais detectadas, e a investigação empírica levada a cabo logrou mostrar a extensão da criminalidade aparente contra a ordem tributária. E, de acordo com os estudos sobre a cifra oculta, ela representa apenas a ponta do *iceberg* da criminalidade real. A percentagem da cifra oculta, todavia, é dificilmente quantificável, exigindo outras técnicas de investigação. De qualquer forma, o estudo do processo de definição e seleção da criminalidade aparente revela a lógica de funcionamento que preside também a definição e seleção que impede a visibilidade da criminalidade real.

Os mecanismos de seleção,

> "... enquanto operadores genéricos que imprimem sentido ao exercício da discricionariedade real das instâncias formais de controlo e permitem explicar as regularidades da presença desproporcionada de membros dos estratos mais desfavorecidos nas estatísticas oficiais da delinqüência, ou – como outros preferem – entre clientes das instâncias formais de controlo. Como mecanismos mais freqüentemente mencionados, avultam o *poder relativo* dos sujeitos potenciais do processo formal de controlo e os *estereótipos*." (Dias e Andrade, 1984, p. 386-7, com os grifos do original).

Descreveremos, a seguir, os mecanismos de seleção que puderam ser identificados na investigação empírica, utilizados pelos agentes da SRF. Tais mecanismos, ou não estão previstos em lei, ou se contrapõem a ela, razão pela qual, em geral, não são assumidos pelos agentes (em alguns casos, são absolutamente inconscientes), ou são justificados com base em argumentos do tipo "falta de tempo", "falta de recursos humanos e financeiros" e em outras inviabilidades técnicas.

3.2.2.1. Omissão na comunicação ao MP. A investigação empírica logrou revelar a falta de comunicação ao MP de fatos que em tese configurariam crime tipificado na Lei nº 8.137/90. A induzir essa omissão, fundamentalmente, está a "cultura" de formalização e encaminhamento de *notitias criminis* que se criou no seio da Fiscalização da Secretaria da Receita Federal.

O primeiro "freio" ao encaminhamento das representações fiscais para fins penais ao MP foi instituído pela própria lei. Como já mencionamos linhas atrás, o artigo 83 da Lei nº 9.430/96 estatuiu que a representação só seria encaminhada ao MP após proferida a decisão final, na esfera administrativa, sobre a exigência fiscal do crédito tributário correspondente. O desestímulo provocado por essa restrição pôde ser observado empiricamente: os dados da tabela nº 7 apontam uma redução no número de procedimentos fiscais da ordem de 45%, entre 1996 e 1997, ano imediatamente posterior ao da edição da Lei. No mesmo período, o número total de representações fiscais para fins penais formalizadas reduziu-se em 59% (tabela 8) e o de representações por crimes contra a ordem tributária – artigos 1º e 2º da Lei nº 8.137/90, em 74% (tabela 9).

As normas regulamentadoras que se seguiram adicionaram a essa restrição temporal uma outra, de natureza material. O Decreto ministerial nº 2.730, de 10 de agosto de 1998, em seu artigo 2º, e o § 5º do artigo 3º da Portaria – SRF nº 1.805, de 28 de agosto de 1998 – assim dispuseram a respeito do encaminhamento das representações fiscais:

Decreto nº 2.730/98:

"Art. 2º - Encerrado o processo administrativo-fiscal, os autos da representação fiscal para fins penais serão remetidos ao Ministério Público federal, se:

I – *mantida a imputação de multa agravada,* o crédito de tributos e contribuições, inclusive acessórios, não for extinto pelo pagamento;

II – aplicada, administrativamente a pena de perdimento de bens, estiver configurado, em tese, crime de contrabando ou descaminho." (grifo na transcrição)

Portaria SRF nº 1805/98:

"Art. 3º - (...)

§ 5º - Julgada improcedente a exigência de crédito tributário *ou somente improcedente a imputação da multa majorada,* pelos órgãos julgadores, singulares ou colegiados, da jurisdição administrativa, e não cabendo mais recurso para efeito de revisão do julgado, a autoridade incumbida de dar prosseguimento ao rito processual determinará o arquivamento dos autos da representação."(grifo na transcrição)

Vê-se que os atos normativos acima transcritos adicionaram um óbice sem previsão legal, ao mencionarem a necessidade da manutenção, pelas instâncias julgadoras administrativas, da *multa agravada,* conforme previsão do artigo 44, inciso II, da Lei nº 9.430/96, para o encaminhamento da representação fiscal para fins penais ao Ministério Público. Reza o artigo 44 da Lei nº 9.430/96:

"Art. 44 – Nos casos de lançamento de ofício, serão aplicadas as seguintes multas, calculadas sobre a totalidade ou diferença de tributo ou contribuição:

I – de setenta e cinco por cento, nos casos de falta de pagamento ou recolhimento, pagamento ou recolhimento após o vencimento do prazo, sem o acréscimo da multa moratória, de falta de declaração e nos de declaração inexata, excetuada a hipótese do inciso seguinte;

II – cento e cinqüenta por cento, nos casos de *evidente intuito de fraude,* definido nos arts. 71, 72 e 73 da Lei nº 4.502, de 30 de novembro de 1964, independentemente de outras penalidades administrativas ou criminais cabíveis. (...)" Grifo na transcrição

Os citados artigos 71, 72 e 73[53] da Lei nº 4.502/64 imprimem à definição de sonegação, fraude e conluio, respectivamente, o caráter doloso. Dessarte, em decorrência do princípio da tipicidade cerrada vigente no Direito Tributário Penal, para a aplicação da multa agravada (150% do valor do tributo ou contribuição), cominada no inciso II do artigo 44 da Lei nº 9.430/96, mister estar provado *evidente intuito de sonegação, fraude ou conluio*. Tal exigência, no entanto, restringe-se à penalidade tributária e não pode ser confundida com o dolo típico das figuras penais dos artigos 1º e 2º da Lei nº 8.137/90. Todavia, não foi esse o entendimento adotado pela Coordenação-Geral da Fiscalização da SRF (COFIS), que dispensou da necessidade de encaminhamento ao MP as representações fiscais por infrações tributárias que não ensejassem a aplicação da multa majorada.

Observe-se que, com tal entendimento, à exceção do inciso III do artigo 1º, que impõe a conjugação do resultado elisivo com delito do falso material, imunizaram-se todas as demais condutas descritas nos artigos 1º e 2º da Lei nº 8.137/90, sempre que não estivessem a associadas a uma infração tributária cujo intuito de dolo estivesse cabalmente provado, isso é, sempre que não correspondessem a processos administrativos fiscais com exigência de crédito tributário sem imputação de multa agravada, como é o caso – aliás, muito freqüente – das representações formuladas pela falta de recolhimento, no prazo legal, do IRRF, da CPMF e do IPI, descontados ou cobrados pelo agente que, embora não fosse o contribuinte, tivesse o dever legal de fazê-lo na qualidade de depositário ou responsável.[54] Também restaram imunizadas todas as condutas ilícitas que não resultam em supressão ou redução de tributo, tais como compensação indevida de créditos de IPI,

---

[53] "Art. 71. Sonegação é toda ação ou omissão dolosa tendente a impedir ou retardar, total ou parcialmente, o conhecimento por parte da autoridade fazendária.
I – da ocorrência do fato gerador da obrigação tributária principal, sua natureza ou circunstâncias materiais;
II – das condições pessoais de contribuinte, suscetíveis de afetar a obrigação tributária principal ou o crédito tributário correspondente.
Art. 72. Fraude é toda ação ou omissão dolosa tendente a impedir ou retardar, total ou parcialmente, a ocorrência do fato gerador da obrigação tributária principal, ou a excluir ou modificar as suas características essenciais, de modo a reduzir o montante do imposto devido, ou a evitar ou diferir o seu pagamento.
Art. 73. Conluio é o ajuste doloso entre duas ou mais pessoas naturais ou jurídicas, visando qualquer dos efeitos referidos nos arts. 71 e 72".

[54] À guisa de exemplo, para a adequação típica dessa conduta de "apropriação indébita" de IPI e de IRRF, prevista no inciso II do artigo 2º, basta a retenção do imposto do sujeito passivo de fato sem o recolhimento do mesmo aos cofres públicos no prazo legal, dispensada, pelo menos no que diz respeito ao dever de representar, qualquer perquirição a respeito do elemento subjetivo do autor.

---

redução indevida de prejuízos fiscais ou da base de cálculo da Contribuição Social pelo Lucro Líquido, subsumíveis ao inciso I do artigo 2º da Lei 8.137/90. Da mesma forma, restaram sem previsão de encaminhamento ao MP da respectiva representação fiscal para fins penais todas as condutas enquadráveis nos demais incisos do artigo 2º e no parágrafo único do artigo 1º, que, segundo a doutrina, são crimes de natureza formal, consumando-se independentemente da ocorrência em concreto do resultado naturalístico "supressão ou redução do tributo", e que podem não estar associados a processos de exigência de crédito tributário.

Essa cultura de imunização, instaurada a partir da edição da Lei nº 9.430/96 e estimulada pelas normas regulamentadoras acima citadas, reflete-se no ânimo de representar dos agentes fiscais. Em que pese constituir-se em contravenção penal o funcionário público deixar de comunicar à autoridade competente crime de ação pública, de que tenha conhecimento no exercício da função (art. 66 da Lei das Contravenções Penais), os agentes fiscais da SRF não se representam a possibilidade de estarem cometendo essa infração. Essa "ingenuidade" pode encontrar explicação nos entraves introduzidos pela própria legislação, ou na questão da sua formação acadêmica, que adiante abordaremos. A cultura institucional, não obstante, exerce papel importante na redução do número de crimes informados ao Ministério Público.

Percebe-se existir, na SRF, a noção de que a formalização de processos de RFPFP é apenas um entrave burocrático, mais um obstáculo a ser transposto para poder desincumbir-se de suas atribuições regimentais e para o atingimento das metas estratégicas, já que essas comunicações ao MP não são percebidas como fator de incremento da arrecadação tributária. Essa cultura acabou por estabelecer a "tradição fiscal" de só representar ao MP quando for muito arriscado deixar de fazê-lo, isso é, nos casos em que o AFRF detecta, na infração tributária cometida pelo contribuinte fiscalizado, evidente intuito de fraude, quando a multa aplicada de ofício é agravada. Diz então a tradição que "só-se-representa-quando-a-multa-for-agravada". O resultado dessa cantilena é que se deixa de formular RFPFP em razão de autuações decorrentes de procedimentos de malha (PF e PJ), de revisão interna (PF e PJ), de auditoria interna de DCTF e mesmo em fiscalização externa, quando a fraude não for evidente. Tampouco são comunicadas ao MP fraudes ou declarações falsas praticadas no curso do contencioso administrativo-fiscal, quando, em não raras vezes, o autuado lança mão de afirmações e documentos falsos com o fim de ver desconstituído o auto de infração que teve lavrado contra si.

Finalmente, deve-se ressaltar que, se há casos de omissão na comunicação, não há demora na formalização de processos de RFPFP quando o AFRF se dispõe a fazê-lo. Via de regra, os processos são protocolados na mesma data em que são os processos de exigência do crédito tributário correspondentes.

3.2.2.2. Falta de fiscalização. De todos os mecanismos de seleção identificados, este talvez seja o mais evidente e o mais facilmente assumido pelos agentes.

O gráfico da figura nº 15 retrata a redução do número de agentes diretamente relacionados com atividades de fiscalização. Essa redução não se dá somente em números absolutos. Há uma redução da participação relativa da mão-de-obra alocada à fiscalização no número total de AFRF, que se percebe pela simples observação do gráfico.

Esse mecanismo, se, de um lado, é responsável pelo reduzido número de autuações e, por conseqüência, do número de infrações criminais detectadas, de outro, também atua indiretamente, reduzindo a disposição da mão-de-obra fiscal para outras atividades não arrecadadoras, como é o caso da elaboração da comunicação ao MP.

O baixo comprometimento dos fiscais com a repercussão penal da sua atividade profissional pode ser explicada ainda pela sua relutância em participar ativamente - como testemunha arrolada pelo MP – do processo judicial que se seguirá à denúncia. O fiscal sente-se freqüentemente questionado em seus procedimentos pelo juiz e pelo defensor do réu, quase sempre quatro ou cinco anos após tê-los realizado, receando que lhe possam advir conseqüências pessoais para as quais não recebe qualquer preparação ou cobertura, seja do Ministério Público (que raramente o prepara para a inquirição), seja da própria Administração (que não lhe oferecerá assistência judicial para o caso de ser acionado retaliativamente pelo representado).

3.2.2.3. Deficiência da fiscalização. Além da falta de fiscais, deve-se adicionar ao rol de mecanismos de seleção secundária as deficiências técnicas e operacionais do Sistema de Fiscalização. Nesta sede, a investigação empírica detectou a questão da formação da mão-de-obra fiscal e as dificuldades de ordem material.

Os Auditores-Fiscais da Receita Federal são, em sua maioria (81%), graduados em Ciências Contábeis, Administração de Empresas e Engenharia, nesta ordem (gráfico da figura nº 13). Esse tipo de formação acadêmica, se, por um lado, é apropriado para o desempenho das tarefas de auditoria fiscal, de outro, não deixa de representar um entrave para a realização de outras atribuições que exijam "raciocínio jurídico", como é o caso da identificação de infrações criminais.

A formação acadêmica dos AFRF também introduz um viés "contábil" na interpretação da legislação penal e, sobretudo, na subsunção de fatos concretos à norma, o que, freqüentemente, resulta em exclusão penal dos infratores da legislação tributária. À guisa de ilustração, relate-se que, muitas vezes, o AFRF hesita em representar por não estar convencido do intuito de fraude na infração tributária, quando simplesmente não lhe caberia adentrar a tais considerações, já que se trata de incumbência estritamente judicial.[55]

Ainda atinente às características da formação da mão-de-obra fiscal, a falta de treinamento para capacitação e desenvolvimento dos AFRF também contribui para a diminuição da eficiência da ação fiscal e da detecção de infrações criminais. É notória a crescente sofisticação das técnicas e dos instrumentos empregados na criminalidade econômica, que é, justamente, a expressão emergente de uma nova forma de desvio estrutural, vinculada ao exercício abusivo dos mecanismos cambiais, bursáteis e, por que não incluir, fiscais. A Administração tributária federal tenta fazer frente aos avanços dos contribuintes com planejamento estratégico na área tecnológica, promovendo a aquisição massiva de equipamentos de informática e treinamento de pessoal na área de auditoria de sistemas informatizados de produção e contábil. Não obstante esses esforços, os resultados esperados têm sido invariavelmente postergados pelo freqüente contingenciamento das verbas orçamentárias dedicadas a esses programas, e também pelo desvio de parcela significativa dos recursos destinados ao fundo constituído para o aprimoramento e modernização das atividades de fiscalização (FUNDAF) para outras finalidades. O resultado líquido é uma permanente defasagem entre a criatividade e o aprimoramento tecnológico dos contribuintes (e da criminalidade) e os limitados instrumentos disponibilizados à Fiscalização, que se torna cada vez mais burocrática.

O desvirtuamento do FUNDAF também pode ser responsabilizado por outras limitações materiais que reduzem a eficiência do Sistema de Fiscalização da SRF como um todo. É que esse fundo se destina também a cobrir despesas com passagens e diárias para os deslocamento da mão-de-obra fiscal para locais onde ela seja demandada. A redução das fontes de financiamento do Fundo impôs mudanças na sistemática de pagamento de diárias (por exemplo, deixou-se de pagar diárias para deslocamentos para municípios contíguos ao da sede da jurisdição da unidade sub-regional a que está vinculado o AFRF). É evidente, essas mudanças acabaram por contribuir também para desestimular a realização de ações fiscais.

---

[55] É o caso do seguinte exemplo: o AFRF constata que está informado como pago, em DCTF, determinado montante de tributo. Durante auditoria, verifica que, na realidade, apesar de devido exatamente o montante declarado, ele não foi pago. O fiscal reluta em representar, por considerar que não tem como certificar-se de que foi de fato uma declaração falsa típica (inciso I do artigo 1º), e não um mero erro de preenchimento da DCTF!

Todos esses fatores que viemos de elencar operam como mecanismos de seleção, o que pode ser empiricamente evidenciado pelas seguintes constatações:

a) pela forte concentração das RFPFP em um determinado tributo, marcadamente, o IRPJ (tabela 21 e gráfico 17);

b) pela forte concentração das RFPFP em determinadas condutas: omissão de receitas e apropriação de IPI e IRRF, para os casos de pessoas jurídicas, e omissão de rendimentos, nos casos de pessoas físicas (tabelas 13, 14, 26 e 28, gráficos 9, 10 e 21);

c) concentração das ações fiscais junto a pessoas jurídicas em detrimento dos procedimentos a pessoas físicas (tabelas 11, 12, 25 e 26, gráficos 7 e 8). Algumas unidades sub-regionais não formalizaram processos de RFPFP contra pessoas físicas (Chuí, Santa Cruz do Sul, Santo Ângelo e Uruguaiana);

d) concentração das RFPFP sobre contribuintes de pequeno porte, tanto nos casos de pessoas jurídicas quanto nos de pessoas físicas (tabelas 15 e 16, gráficos 11 e 12);

e) nos casos de pessoas físicas, as RFPFP são mais freqüentemente lavradas contra empresários, médicos e advogados, nessa ordem (tabela 25). Já as RFPFP contra pessoas jurídicas são mais numerosas quando estas atuam no setor do comércio varejista (tabela 23).

Essas observações permitem concluir que a formação acadêmica dos AFRF, a quantidade e a qualidade dos treinamentos oferecidos pela SRF para sua capacitação e desenvolvimento e as restrições impostas aos seus deslocamentos dentro do Estado acabam por introduzir um viés na atuação da Fiscalização, que tem efeito fortemente seletivo no que diz respeito à identificação de infrações criminais contra a ordem tributária. Apesar do grande número de tributos administrados pela SRF, a formação acadêmica e o treinamento dos AFRF concentra sua atenção na fiscalização do IRPJ e na detecção de infrações "tradicionais", quase sempre relacionadas com o documentário fiscal obrigatório (a "engenharia tributária" freqüentemente escapa), junto a contribuintes de pequeno porte e atuantes em setores menos dinâmicos da economia, com menos condições de fazer frente às técnicas de auditoria da SRF (no jargão do fiscal, "chutar cachorro morto"). Os contribuintes de porte maior e mais capitalizados conseguem livrar-se da fiscalização, técnica e materialmente menos aparelhada.

3.2.2.4. Negociação com o infrator. Ainda decorrente da cultura arrecadadora da instituição, deve-se apontar também que, em alguns casos, o foco obstinado nas metas de arrecadação faz com que o administrador tributário "pressione" o contribuinte infrator, que tenha praticado conduta tipificada nos artigos 1º e 2º da Lei nº 8.137/90, ameaçando-o com a comunicação do fato ao MP em troca do pagamento do tributo devido. Ainda que essa prática seja coerente com o programa penal implícito na sistemática da Lei nº 8.137/90, haja vista a previsão legal de extinção da punibilidade pelo pagamento do tributo antes do oferecimento da denúncia, não há previsão legal para tal "negociação", conhecida em algumas Delegacias da Receita Federal como "o torniquete".

Conclusão

A análise dos 447 processos de representação fiscal para fins penais formalizados pelos Auditores-Fiscais da Receita Federal no exercício de sua ação fiscalizadora, no Rio Grande do Sul, por condutas subsumíveis aos tipos penais previstos nos artigos 1º e 2º da Lei nº 8.137/90, no período compreendido entre 01/01/1996 e 31/12/2000, permite avaliar a aplicação da referida lei, extrair conclusões acerca do funcionamento do controle jurídico-penal e, ainda que restritas à instância formal administrativa de controle, cotejá-las com as obtidas na investigação empírica mais ampla, promovida por Ela Wiecko Volkmer de Castilho, para a aplicação da lei dos crimes do colarinho branco.

Em primeiro lugar, sob o enfoque quantitativo, é significativo o fato de o número de processos de representações formalizadas no período ser muito pequeno. Consistentemente com o detectado na pesquisa relativa aos crimes do colarinho branco, esse pequeno número guarda uma desproporção muito grande com o volume total da criminalidade registrada nas estatísticas oficiais brasileiras, que apontam para a prática de algo em torno de um milhão de crimes por ano no território nacional.

Em segundo lugar, sob o ponto de vista do funcionamento das instâncias formais de controle jurídico-penal, verifica-se que Secretaria da Receita Federal, Polícia Federal, Ministério Público Federal e Justiça Federal atuam totalmente desarticulados, denunciando a falta de uma política de combate à criminalidade econômica. Assim como o verificado para a criminalidade contra o sistema financeiro, não há estatísticas organizadas sobre a criminalidade contra a ordem tributária, dificultando a tomada de decisões de política criminal e revelando a pouca importância conferida pelas instâncias formais de controle às condutas tendentes a ofender o bem jurídico "sistema tributário nacional".

A imunidade dos autores dessas condutas é tributária da resistência do Poder Legislativo à produção de normas eficazes para a sua definição (criminalização primária), revelada pela doutrina e, empiricamente, pela ausência de alguns tipos penais nas representações (inciso III e IV do artigo 2º, por exemplo). A mesma resistência é detectada na esfera do Poder Executivo, pela falta ou pela ineficiência da fiscalização tributária. Mesmo o Poder Judiciário, que não foi objeto desta investigação, muito provavelmente, também contribui para essa imunização, na medida em que declara inimputável o sócio-gerente ou os titulares do capital social por não serem eles os agentes diretos. Em todos esses casos, a resistência está relacionada com a existência dos detentores do poder econômico e com sua relação promíscua com os detentores do poder político.

Analogamente ao papel do Banco Central do Brasil, no que pertine às condutas atentatórias ao Sistema Financeiro Nacional, verifica-se que é a Secretaria da Receita Federal que, fundamentalmente, seleciona quais fatos e quem deverão ser submetidos à repressão penal, utilizando, para tanto, critérios próprios e pouco transparentes em face do sigilo fiscal. Os mecanismos da seleção realizada pela SRF são também similares aos empregados pelo BACEN: a falta de fiscalização e a fiscalização deficiente, que levam à não-detecção das infrações à ordem tributária; a falta de comunicação ao Ministério Público das infrações constatadas; e a negociação com o infrator, este último mecanismo, bem menos freqüente. Esses mecanismos estão fortemente vinculados à cultura " arrecadadora" da instituição e à formação de seus agentes.

Finalmente, à guisa de conclusão geral, pode-se afirmar que os resultados obtidos da verificação empírica sobre a criminalidade contra a ordem tributária federal no Rio Grande do Sul são, quantitativa e qualitativamente, consistentes com aqueles derivados da investigação análoga levada a cabo sobre a criminalidade contra o Sistema Financeiro Nacional.

Bibliografia

ALVES, Roque de Brito. *Ciência Criminal*. Rio de Janeiro: Forense, 1998.

AMARO, Luciano. *Direito tributário brasileiro*. 5ª ed., revista e atualizada. São Paulo: Saraiva, 2000.

ANDRADE, Vera Regina Pereira de. *A ilusão de segurança jurídica:* do controle da violência à violência do controle penal. Porto Alegre: Livraria do Advogado, 1997. *Revista Brasileira de Ciências Criminais*. São Paulo, n. 9, p.133-9, jan./mar. 1995.

ARAÚJO JR., João Marcello de. Controle e reação social no novo projeto de nova parte especial do Código Penal brasileiro. *Revista Brasileira de Ciências Criminais*. São Paulo, n.9, p.133-9, jan./mar. 1995.

——. O direito penal econômico. *Revista Brasileira de Ciências Criminais*. São Paulo, n.25, p.142-56, jan./mar. 1999.

——; SANTOS, Marino Barbero. *A reforma penal*: Ilícitos penais econômicos (atos do 1º colóquio hispano-brasileiro de Direito Penal). Rio de Janeiro: Forense, 1987.

BARBADIER, Antônio Carlos da Costa. Sonegação fiscal. Denúncia ofertada antes do encerramento de procedimento fiscal. Impossibilidade jurídica do pedido. *Revista Brasileira de Ciências Criminais*, São Paulo, n.11, p.252-4, jul./set. 1995.

BECKER, Alfredo Augusto. *Teoria Geral do Direito Tributário*. São Paulo: Saraiva, 1972.

BELLUCCI, Fábio *et alli*. Do crime contra a ordem tributária previsto no art. 2º, II, da Lei Federal 8.137, de 27.12.90. *Revista Brasileira de Ciências Criminais*. São Paulo, n.6, p.110-6, abr./jun. 1994.

BERGALLI, Roberto. Controle social: suas origens conceituais e usos instrumentais. *Revista Brasileira de Ciências Criminais*. São Paulo, n.1, p.31-8, jul./set. 1993.

BERNI, Maurício Batista (org.) *et alli*. *Direito tributário*. Porto Alegre: Síntese, 2000.

BITENCOURT, Cézar Roberto. Princípios garantistas e a delinqüência do colarinho branco. *Revista Brasileira de Ciências Criminais*. São Paulo, n.11, p.118-27, jul./set. 1995.

BORGES, José Cassiano; REIS, Maria Lúcia Américo dos. *Crimes contra a ordem tributária* (pareceres).Rio de Janeiro: Forense, 1998.

BRASIL. Ministério da Justiça. Conselho Nacional de Política Criminal e Penitenciária. *Censo Penitenciário Nacional*. Brasília, 1994.

BRASIL. Presidência da República. *Manual de redação da Presidência da República*. Brasília: Presidência da República, 1991.

BUZAGLO, Samuel Auday. Criminalidade econômica: legislação imperfeita e inacabada. *Revista dos Tribunais*, São Paulo: RT, ano 83, v. 710, p. 258-63, dez. 1994.

CARRAZZA, Roque Antônio. *Curso de direito constitucional tributário*. 10. ed. São Paulo: Malheiros, 1997.

CASTILHO, Ela Wiecko Volkmer de. *O controle penal nos crimes contra o sistema financeiro nacional* (Lei n. 7.492, de 16/6/86). Belo Horizonte: Del Rey, 1998.

CASTRO, Lola Aniyar de. *Criminologia da reação social.* Rio de Janeiro: Forense, 1983.

CERNICCHIARO, Luiz Vicente. Direito Penal Tributário – observações de aspectos da teoria geral do direito penal. *Revista Brasileira de Ciências Criminais.* São Paulo, n.11, p.175-83, jul./set. 1995.

CERVINI, Raúl. A cifra negra da criminalidade oculta. *Revista dos Tribunais,* São Paulo, v. 678, p.291-300, abr. 1992.

———. Macrocriminalidad económica. *Revista Brasileira de Ciências Criminais.* São Paulo, n.11, p.50-79, jul./set. 1995.

COHEN, Stanley. *Visiones del control social.* Barcelona:PPU, 1988.

COÊLHO, Sacha Calmon Navarro. *Comentários à Constituição de 1988.* Sistema tributário. 3ª ed. revista e ampliada. Rio de Janeiro: Forense, 1991.

CORRÊA, Antônio. *Dos crimes contra a ordem tributária.* (Comentários à Lei n. 8.137, de 27-12-1990). São Paulo: Saraiva, 1994.

COSTA JR., Paulo José da; DENARI, Zelmo. *Infrações tributárias e delitos fiscais.* 3ª ed., São Paulo: Saraiva, 1998.

CURTY, Marleno Gonçalves; CRUZ, Anamaria da Costa. *Apresentação de trabalhos científicos:* guia para alunos de cursos de especialização. Dental Press: Maringá, 2000.

DECOMAIN, Pedro Roberto. *Crimes contra a ordem tributária.* 2ª ed. revista, atualizada e ampliada. Florianópolis: Obra Jurídica, 1995.

DELMANTO, Fábio Machado de Almeida. O término do processo administrativo-fiscal como condição da ação penal nos crimes contra a ordem tributária. *Revista Brasileira de Ciências Criminais.* São Paulo, n.6, p.63-79, abr./jun. 1998.

DERZI, Misabel de Abreu Machado. *Direito tributário, direito penal e tipo.* São Paulo: RT, 1988.

———. Alguns aspectos ainda controvertidos relativos aos delitos contra a ordem tributária. *Revista Brasileira de Ciências Criminais.* São Paulo, n.31, p.201-16, jul./set. 2000.

DIAS, Carlos Alberto da Costa. Apropriação indébita em matéria tributária. *Revista Brasileira de Ciências Criminais.* São Paulo, n.11, p.101-12, jul./set. 1995.

DIAS, Jorge de Figueiredo, Andrade, Manuel da Costa. *Criminologia:* o homem delinqüente e a sociedade criminógena. Coimbra: Coimbra, 1992.

DIAS, José Carlos. Sigilo bancário – quebra - requisições da Receita Federal e do Ministério Público. *Revista Brasileira de Ciências Criminais.* São Paulo, n.11, p.240-4, jul./set. 1995.

DOTTI, René Ariel. A criminalidade econômica. *Revista dos Tribunais* São Paulo: RT, ano 74, v.602 , p.295-305, dez.1985.

FARIA JR., César. Crimes contra a ordem tributária. *Revista Brasileira de Ciências Criminais.* São Paulo, n.2, p.70-6, jan./mar. 1994.

FERREIRA. Roberto dos Santos. *Crimes contra a ordem tributária.* (Comentários aos arts. 1º a 3º, 11, 12, 15, e 16 da Lei n. 8.137, de 27.12.1990, e 34 da Lei n. 9.249, de 26.12.1995). São Paulo: Malheiros, 1996.

FONTELES, Cláudio Lemos. O artigo 83 da Lei n 9430/96: sua compreensão. *Boletim dos Procuradores da República.* São Paulo. V.2, n.16, p.13-5. ago., 1999.

FRAGA, Érica. Crime financeiro prescreve, BC e procuradores se acusam. *Folha de São Paulo,* São Paulo, 17 de fevereiro de 2002.

FRAGOSO, Heleno Cláudio. *Lições de direito penal.* São Paulo: José Bushatsky, 1976, 2 v.

GOMES, Luiz Flávio. Sobre a impunidade da macrodelinqüência econômica desde a perspectiva criminológica da teoria da aprendizagem. *Revista Brasileira de Ciências Criminais*, São Paulo, n.11, p.166-74, jul./set. 1995.

——. Acusações genéricas, responsabilidade penal objetiva e culpabilidade nos crimes contra a ordem tributária. *Revista Brasileira de Ciências Criminais*, São Paulo, n.11, p.245-52, jul./set. 1995.

HASSEMER, Winfried. *Três temas de direito penal.* Porto Alegre: AMP/ESMP, 1993.

LAURIA F.º, Márcio; MORAES, Maurício Zanóide. A extinção da punibilidade na Lei 8.137/90 – extra-atividade e oportunidade. *Revista Brasileira de Ciências Criminais*, São Paulo, n.11, p.254-61, jul./set. 1995.

LEITE, Eduardo de Oliveira. *A monografia jurídica.* 4ª. ed., revista, atualizada e ampliada, São Paulo: RT, 2000.

LIMA, Paulo Gildo de Oliveira. *Auditoria fiscal-contábil.* 2ª ed. , João Pessoa: Almeida Gráfica e Editora, 1988.

LIRA, Antiógenes Marques de. Macrocriminalidade. *Revista dos Tribunais*, São Paulo: RT, ano 84, v. 719, p. 351-60, set. 1995.

MACHADO, Hugo de Brito. Prévio esgotamento da via administrativa e ação penal nos crimes contra a ordem tributária. *Revista Brasileira de Ciências Criminais.* São Paulo, n.15, p.231-39, jul./set. 1996.

——. *Curso de direito tributário.* 13ª. ed., revista, atualizada e ampliada, São Paulo: Malheiros, 1998.

MAIA, Rodolfo Tigre. *Dos crimes contra o sistema financeiro nacional* (anotações à Lei Federal n. 7.492/96). São Paulo: Malheiros, 1999.

MALHEIROS F.º., Arnaldo. Omissão de rendimentos presumidos. *Revista Brasileira de Ciências Criminais.* São Paulo, n.15, p.217-30, jul./set. 1996.

MARTINS, Ives Gandra da Silva (coordenador). *Crimes contra a ordem tributária.* 3ª. ed. Atualizada, São Paulo: RT, CEU, 1998.

——. A procedibilidade penal à luz da Lei 9.430/96. *Revista Brasileira de Ciências Criminais.* São Paulo, n.28, p.219-23, out./dez. 1999.

MIRABETE, Julio Fabbrini. *Manual de direito penal* – parte geral (arts. 1º a 120) – Conforme Lei 7.200, de 11-07-84. 5ª ed. revista e ampliada, São Paulo: Atlas, 1990, v.1.

MOLINA, Antonio Garcia-Pablos de. *Criminologia*: uma introdução e seus fundamentos teóricos. São Paulo: RT, 1992.

MORAES, Alexandre de; SMANIO, Gianpaolo Poggio. *Legislação penal especial.* São Paulo: Atlas, 1998.

MORAES, Bernardo Ribeiro. *Compêndio de Direito tributário.* 2ª edição revista, aumentada e atualizada até 1994. Rio de Janeiro: Forense, 1994, 2.v.

NASCIMENTO, Carlos Valder (coordenador). *Comentários ao Código Tributário Nacional* (Lei nº 5.172, de 25.10.1966). Rio de Janeiro: Forense, 1997.

NASCIMENTO, Tupinambá Miguel Castro do. *Comentários à Constituição Federal.* (ordem econômica e financeira – Artigos 170 a 192). Porto Alegre: Livraria do Advogado, 1997.

NERY, Renato Gomes. Extinção da punibilidade dos crimes contra a ordem tributária. *Revista dos Tribunais*, São Paulo: RT, ano 84, v. 719, p.380-3, set. 1995.

NOGUEIRA, Ruy Barbosa. *Curso de direito tributário.* 6ª edição, atualizada. São Paulo: Saraiva, 1986.

OLIVEIRA, Antônio Cláudio Mariz de. Reflexões sobre os crimes econômicos. *Revista Brasileira de Ciências Criminais.* São Paulo, n.11, p.91-100, jul./set. 1995.

OLIVEIRA, William Terra de. Algumas questões em torno do novo direito penal econômico. *Revista Brasileira de Ciências Criminais*. São Paulo, n.11, p.231-9, jul./set. 1995.

PAULINO, José Alves. *Crimes contra a ordem tributária*: comentários à lei nº 8.137/90. Brasília: Brasília Jurídica, 1999.

PIERANGELLI, José Henrique. *Escritos jurídico-penais*. São Paulo: RT, 1992

PIMENTEL, Manoel Pedro. *Direito penal econômico*. São Paulo: RT, 1973.

——. Crimes contra a ordem econômica, financeira e tributária. *Revista dos Tribunais*, São Paulo: RT, ano 77, v.633, p. 247-54, jul. 1988.

REALE JR., Miguel. Despenalização no direito penal econômico: uma terceira via entre o crime e a infração administrativa?. *Revista Brasileira de Ciências Criminais*. São Paulo, n.28, p.116-29, out./dez. 1999.

ROTHMANN, Gerd W.. A extinção da punibilidade nos crimes contra a ordem tributária. *Revista dos Tribunais*, São Paulo: RT, ano 84, v.718, p. 536-49, ago. 1995.

SALOMÃO, Heloísa Estellita. Tipicidade no direito penal econômico. *Revista dos Tribunais*, São Paulo: RT, ano 85, v.725, p. 407-23, mar. 1996.

SANTOS, Juarez Cirino dos. *A criminologia radical*. Rio de Janeiro: Forense, 1981.

——. *Teoria do crime*, São Paulo: Acadêmica, 1993.

SCHOLZ, Leônidas Ribeiro. Sonegação fiscal e crimes contra a ordem tributária. Algumas considerações sobre as leis 4.729/65 e 8.383/91. *Revista dos Tribunais*, São Paulo: RT, ano 83, v. 708, p.424-6, out. 1994.

——. A criminalidade contra a ordem tributária no universo do direito econômico. *Revista Brasileira de Ciências Criminais*. São Paulo, n.30, p.95-107, abr./jun. 2000.

SECRETARIA DA RECEITA FEDERAL. *Um perfil da administração tributária brasileira*. Brasília: Escola de Administração Fazendária, 1995.

SILVA, Aloísio Firmo Guimarães da; CORRÊA, Paulo Fernando. Considerações sobre a natureza jurídica da norma prevista no art. 83 da Lei 9.430/96. *Revista Brasileira de Ciências Criminais*. São Paulo, n.23, p.147-154, jul./set. 1998.

SILVA, Juary C. *A macrocriminalidade*. São Paulo: RT, 1980.

——. *Elementos de direito penal tributário*. São Paulo: Saraiva, 1998.

STOCO, Rui. Sonegação fiscal e os crimes contra a ordem tributária. *Revista dos Tribunais*, São Paulo: RT, ano 81, v. 675, p. 335-52, jan. 1992.

SUTHERLAND, Edwin H.. White-collar criminality. *American Sociological Review*. New York, v.5, p.1-12, 1940.

TOLEDO, Francisco de Assis. *Princípios básicos de direito penal*. 5ª ed. São Paulo: Saraiva, 1994.

TORON, Alberto Zacharias. Crimes do colarinho branco: os novos perseguidos? *Revista Brasileira de Ciências Criminais*. São Paulo, n.28, p.73-84, out./dez. 1999.

VILLEGAS, Hector. *Direito penal tributário*. São Paulo: Resenha Tributária/PUC-SP, 1974.

ZAFFARONI, Eugenio Raúl. *Em busca das penas perdidas*: a perda de legitimidade do sistema penal. Rio de Janeiro: Revan, 1991.

——. *Manual de direito penal brasileiro* (parte geral). São Paulo: RT, 1997.

——; PIERANGELI, José Henrique. *Da tentaiva*. São Paulo: RT, 1988.

Apêndice

CONDUTAS ILÍCITAS PRATICADAS

1. ACRÉSCIMO PATRIMONIAL A DESCOBERTO
Corresponde ao excesso de dispêndios/aplicações sobre recursos/origens, não respaldado por rendimentos declarados, sejam eles tributáveis, isentos e não tributáveis, de tributação exclusiva, dívidas e ônus reais ou outra origem comprovada.

Método indireto de apuração de omissão de rendimentos, através do cotejo, mês a mês, de todos os recursos/origens com os dispêndios/aplicações (fluxo financeiro mensal). A existência de saldo credor presume a omissão de rendimentos auferidos no mês da ocorrência do saldo.

2. ADULTERAÇÃO DE DOCUMENTOS
Falsificar, no todo ou em parte, documento particular ou alterar documento particular verdadeiro. (CP, art. 298)

3. ALÍQUOTA E/OU CLASSIFICAÇÃO FISCAL INCORRETA
Classificar mercadoria incorretamente em posição correspondente à alíquota menor, ou aplicar alíquota menor, em documento requerido para o despacho aduaneiro de importação.

4. APROPRIAÇÃO INDÉBITA DE IPI
Deixar de recolher ao Erário Público o Imposto sobre Produtos Industrializados retido do contribuinte de fato nas operações tributáveis, no prazo e forma legais.

5. APROPRIAÇÃO INDÉBITA DE IRRF
Deixar de recolher ao Erário Público o Imposto de Renda Retido na Fonte retido do contribuinte de fato nas operações tributáveis, no prazo e forma legais.

6. BENS DO ATIVO PERMANENTE NÃO CONTABILIZADOS
Método indireto de apuração de omissão de receitas pela constatação de que a PJ é titular de bens que, por sua natureza, deveriam estar escriturados no Ativo Permanente, mas que, de fato, têm sua aquisição mantida à margem da contabilidade por serem provenientes de receita omitida. Indicam patentemente que as suas aquisições se deram pela utilização de receitas de vendas não contabilizadas, caracterizando a figura contábil denominada de "ativo oculto".

7. CRÉDITO BÁSICO DE IPI INDEVIDO
Utilização irregular de créditos de IPI originários de entrada de mercadorias, indevida por se tratar de operações não tributadas, ou tributadas à alíquota zero, ou realizadas entre estabelecimentos de um mesmo contribuinte, ou mediante conluio, entre estabelecimento com elevado saldo credor na escrita fiscal, que simula venda de insumos e/ou de produtos para outro, possui elevado imposto a recolher (praticando, posteriormente, outra transação simulada no sentido inverso) , ou utilizando notas fiscais "frias", ou, ainda, quando escriturada em duplicidade.

8. CUSTOS/DESPESAS FICTÍCIOS

Trata-se de pagamentos sem causa, à conta de custos e despesas operacionais, a beneficiários não individualizados, bem como entrega de recursos a terceiros ou sócios, acionistas ou titular, contabilizados ou não, quando não for comprovada a operação ou sua causa.

9. DEPÓSITOS BANCÁRIOS NÃO CONTABILIZADOS

A existência de conta corrente bancária ou de aplicação financeira à margem da contabilidade permite a inferência de omissão de receitas. A depuração da movimentação bancária não contabilizada dos valores que transitaram pela conta Caixa permitirá identificar os depósitos e créditos sem origem comprovada, cujo montante corresponderá ao das receitas omitidas.

10. DESVIO DE FINALIDADE

Trata-se de aplicação de insumo/mercadoria importado com isenção/redução de alíquota em finalidade diversa daquela que motivou a concessão do benefício fiscal

11. DECLARAÇÃO FALSA

Trata-se de conduta genérica mediante a qual o agente presta informações inverídicas, ou omite informações relevantes, em documento (e.g. DIRPF, DIPJ, DIPI, DIRF, DOI etc.) que está legalmente obrigado a apresentar à autoridade fiscal.

12. FALSIFICAÇÃO DE DARF

Trata-se de falsificação material do Documento de Arrecadação de Receitas Federais e da respectiva autenticação bancária.(CP, art. 293, V).

13. FALSIFICAÇÃO DE DOCUMENTO PARTICULAR

CP, art. 298.

14. FALSIFICAÇÃO DE DOCUMENTO PÚBLICO

CP, art. 297.

15. FALTA DE EMISSÃO DE NOTA FISCAL

Deixar de emitir nota fiscal relativa a venda de mercadoria ou prestação de serviço quando obrigatório.

16. GUIA DE IMPORTAÇÃO FALSA

Falsificar, fabricando-a ou adulterando-a, guia autorizatória de importação de mercadoria de emissão privativa da Secretaria de Comércio Exterior (CP, art. 293).

17. NOTA FISCAL CALÇADA

Trata-se de fraude praticada mediante a emissão de nota fiscal que consigna, em sua 1ª via (a que fica no talonário) um valor diferente, em geral, menor do que o contido nas demais vias, visando ao subfaturamento (omissão) das receitas e, por via de conseqüência, a um menor pagamento de tributos. A prática também é conhecida por " meia-nota".

Notas Fiscais oriundas de outros estados sem carimbos de postos fiscais; quantidade de produtos ou peso incompatíveis com a capacidade do veículo transportador; numeração seqüencial de Notas Fiscais relativas a um mesmo fornecedor; nota de alto valor emitida por fornecedor não habitual, são todos indícios de possíveis notas irregulares. Notas Fiscais emitidas por empresas, ou confeccionadas por gráficas, com CNPJ inexistentes, suspensos, inativas ou baixados, também são indícios.

18. NOTA FISCAL FRIA

A nota "fria" consiste na emitida sem correspondência a qualquer operação mercantil, com o fito de superfaturar custos ou omitir receitas, reduzindo, dessarte, os resultados operacionais tributáveis. A NF "fria" obedece a todas as formalidades intrínsecas e extrínsecas. Sua falsidade está ligada diretamente ao pseudo emitente, que, na maioria das vezes, é pessoa jurídica desativada que não recolheu seus talonários à repartição fiscal quando do encerramento de suas atividades.Trata-se de conduta genérica, que tem como espécies a nota paralela, ou "clonada", que é a contrafação de nota verdadeira emitida com o fito de omitir totalmente a receita da operação (há, portanto, dois talonários de notas com a mesma numeração);e a nota "sanfona", que dá cobertura a mais de uma operação efetiva de fornecimento de mercadorias, bens ou serviços (cobrindo, assim, saídas sem a emissão da devida nota fiscal).A nota fiscal "fria", de emissão do próprio adquirente, ou de terceiros em benefício daquele, pode ainda ser emitida com intuito de superfaturar custo ou despesas: ver a conduta "CUSTOS/DESPESAS FICTÍCIOS".

19. OMISSÃO DE COMPRAS

As compras não contabilizadas, detectadas a partir do confronto dos valores contabilizados com os constantes dos livros fiscais e/ou documentos, bem como com os obtidos mediante circularização ou diligências junto aos principais fornecedores, revela que os recursos utilizados para os pagamentos das referidas compras são oriundos de receitas omitidas da tributação.

20. OMISSÃO DE RECEITAS

A omissão de receita é a conduta paradigmática da sonegação fiscal praticada pelas pessoas jurídicas. É detectada, entre outros procedimentos e constatações, pelo confronto dos valores escriturados nos livros fiscais, tanto no que se refere às compras como às vendas, com os constantes nos documentos e livros comerciais (Caixa e/ou Diário) , pela ocorrência de saldo credor de caixa verificado em levantamento do Fluxo Financeiro, etc..

21. OMISSÃO DE RENDIMENTOS

A omissão de rendimentos, analogamente à omissão de receitas, é a sonegação fiscal "stricto sensu" praticada pelas pessoas físicas. Trata-se do não-oferecimento à tributação de qualquer rendimento, ganho ou renda

22. PASSIVO FICTÍCIO

Trata-se da manutenção de saldos irreais, decorrentes de obrigações já pagas ou cuja exigibilidade não seja comprovada pela empresa, nas contas FORNECEDORES, TÍTULOS A PAGAR, EMPRÉSTIMOS BANCÁRIOS e/ou outras constantes do Passivo Circulante e/ou Exigível a Longo Prazo dos balanços da pessoa jurídica. A manutenção desses saldos visa a acobertar a omissão das receitas utilizadas para saldá-los.

23. RECIBOS INIDÔNEOS

Trata-se da utilização de recibos/comprovantes "frios" para amparar deduções (despesas médicas, com instrução, no livro-caixa, com dependentes, com pensão alimentícia judicial e a título de contribuições e doações) indevidas da base de cálculo do IRPF.

24. SELO DE CONTROLE FALSO

Falsificar, fabricando-o ou adulterando-o, selo de controle do IPI (CP, art. 293, I).

25. SUBFATURAMENTO NA IMPORTAÇÃO

Consignar, em qualquer documento utilizado para amparar a importação de mercadoria ou serviço, valor tributável menor do que aquele efetivamente praticado entre o adquirente nacional e o exportador estrangeiro, com o intuito de reduzir a tributação.

26. SUPRIMENTO DE NUMERÁRIO

Método indireto de apuração de omissão de receita, quando suprimentos de Caixa atípicos ao movimento financeiro da empresa revelam-se como sendo procedimentos destinados à cobertura de saldos credores na conta Caixa, tais como: registros de empréstimos de pessoas físicas não sócios e/ou administradores, empréstimos bancários, registros de recebimentos e antecipações de clientes, registros de cheques fictícios ou estornados, estornos de pagamentos, mútuos entre pessoas jurídicas não sócias. Nesses casos, isso é, sempre que houver um suprimento artificial do Caixa, todo o montante do suprimento será presumido como equivalente ao montante da receita omitida.

O suprimento ilegal de caixa dá-se freqüentemente através de vendas a prazo convertidas em à vista; de compras à vista, lançadas como a prazo; de despesas realizadas convertidas em obrigações; da simulação de estornos; da simulação de operação financeira; de adiantamentos não liquidados a pessoas relacionadas (diretores e empregados); da simulação de devolução de compras à vista; da simulação de empréstimos a sócios; da simulação de recebimento de descontos etc.

Anexo

LEI Nº 8.137, DE 27 DE DEZEMBRO DE 1990.

Define crimes contra a ordem tributária, econômica e contra as relações de consumo, e dá outras providências.

O PRESIDENTE DA REPÚBLICA, faço saber que o Congresso Nacional decreta e eu sanciono a seguinte lei:

CAPÍTULO I
Dos Crimes Contra a Ordem Tributária

Seção I
Dos crimes praticados por particulares

Art. 1º Constitui crime contra a ordem tributária suprimir ou reduzir tributo, ou contribuição social e qualquer acessório, mediante as seguintes condutas:

I - omitir informação, ou prestar declaração falsa às autoridades fazendárias;

II - fraudar a fiscalização tributária, inserindo elementos inexatos, ou omitindo operação de qualquer natureza, em documento ou livro exigido pela lei fiscal;

III - falsificar ou alterar nota fiscal, fatura, duplicata, nota de venda, ou qualquer outro documento relativo à operação tributável;

IV - elaborar, distribuir, fornecer, emitir ou utilizar documento que saiba ou deva saber falso ou inexato;

V - negar ou deixar de fornecer, quando obrigatório, nota fiscal ou documento equivalente, relativa a venda de mercadoria ou prestação de serviço, efetivamente realizada, ou fornecê-la em desacordo com a legislação.

Pena - reclusão de 2 (dois) a 5 (cinco) anos, e multa.

Parágrafo único. A falta de atendimento da exigência da autoridade, no prazo de 10 (dez) dias, que poderá ser convertido em horas em razão da maior ou menor complexidade da matéria ou da dificuldade quanto ao atendimento da exigência, caracteriza a infração prevista no inciso V.

Art. 2º Constitui crime da mesma natureza:

I - fazer declaração falsa ou omitir declaração sobre rendas, bens ou fatos, ou empregar outra fraude, para eximir-se, total ou parcialmente, de pagamento de tributo;

II - deixar de recolher, no prazo legal, valor de tributo ou de contribuição social, descontado ou cobrado, na qualidade de sujeito passivo de obrigação e que deveria recolher aos cofres públicos;

III - exigir, pagar ou receber, para si ou para o contribuinte beneficiário, qualquer percentagem sobre a parcela dedutível ou deduzida de imposto ou de contribuição como incentivo fiscal;

IV - deixar de aplicar, ou aplicar em desacordo com o estatuído, incentivo fiscal ou parcelas de imposto liberadas por órgão ou entidade de desenvolvimento;

V - utilizar ou divulgar programa de processamento de dados que permita ao sujeito passivo da obrigação tributária possuir informação contábil diversa daquela que é, por lei, fornecida à Fazenda Pública.

Pena - detenção, de 6 (seis) meses a 2 (dois) anos, e multa.

Seção II

Dos crimes praticados por funcionários públicos

Art. 3º Constitui crime funcional contra a ordem tributária, além dos previstos no Decreto-Lei nº 2.848, de 7 de dezembro de 1940 - Código Penal (Título XI, Capítulo I) :

I - extraviar livro oficial, processo fiscal ou qualquer documento, de que tenha a guarda em razão da função; sonegá-lo, ou inutilizá-lo, total ou parcialmente, acarretando pagamento indevido ou inexato de tributo ou contribuição social;

II - exigir, solicitar ou receber, para si ou para outrem, direta ou indiretamente, ainda que fora da função ou antes de iniciar seu exercício, mas em razão dela, vantagem indevida; ou aceitar promessa de tal vantagem, para deixar de lançar ou cobrar tributo ou contribuição social, ou cobrá-los parcialmente. Pena - reclusão, de 3 (três) a 8 (oito) anos, e multa.

III - patrocinar, direta ou indiretamente, interesse privado perante a administração fazendária, valendo-se da qualidade de funcionário público. Pena - reclusão, de 1 (um) a 4 (quatro) anos, e multa.

CAPÍTULO II
Dos crimes Contra a Economia e as Relações de Consumo

Art. 4º Constitui crime contra a ordem econômica:

I - abusar do poder econômico, dominando o mercado ou eliminando, total ou parcialmente, a concorrência mediante:

a) ajuste ou acordo de empresas;

b) aquisição de acervos de empresas ou cotas, ações, títulos ou direitos;

c) coalizão, incorporação, fusão ou integração de empresas;

d) concentração de ações, títulos, cotas, ou direitos em poder de empresa, empresas coligadas ou controladas, ou pessoas físicas;

e) cessação parcial ou total das atividades da empresa;

f) impedimento à constituição, funcionamento ou desenvolvimento de empresa concorrente.

II - formar acordo, convênio, ajuste ou aliança entre ofertantes, visando:

a) à fixação artificial de preços ou quantidades vendidas ou produzidas;

b) ao controle regionalizado do mercado por empresa ou grupo de empresas;

c) ao controle, em detrimento da concorrência, de rede de distribuição ou de fornecedores.

III - discriminar preços de bens ou de prestação de serviços por ajustes ou acordo de grupo econômico, com o fim de estabelecer monopólio, ou de eliminar, total ou parcialmente, a concorrência;

IV - açambarcar, sonegar, destruir ou inutilizar bens de produção ou de consumo, com o fim de estabelecer monopólio ou de eliminar, total ou parcialmente, a concorrência;

V - provocar oscilação de preços em detrimento de empresa concorrente ou vendedor de matéria-prima, mediante ajuste ou acordo, ou por outro meio fraudulento;

VI - vender mercadorias abaixo do preço de custo, com o fim de impedir a concorrência;

VII - elevar, sem justa causa, os preços de bens ou serviços, valendo-se de monopólio natural ou de fato.

Pena - reclusão, de 2 (dois) a 5 (cinco) anos, ou multa.

Art. 5º Constitui crime da mesma natureza:

I - exigir exclusividade de propaganda, transmissão ou difusão de publicidade, em detrimento de concorrência;

II - subordinar a venda de bem ou a utilização de serviço à aquisição de outro bem, ou ao uso de determinado serviço;

III - sujeitar a venda de bem ou a utilização de serviço à aquisição de quantidade arbitrariamente determinada;

IV - recusar-se, sem justa causa, o diretor, administrador, ou gerente de empresa a prestar à autoridade competente ou prestá-la de modo inexato, informando sobre o custo de produção ou preço de venda.

Pena - detenção, de 2 (dois) a 5 (cinco) anos, ou multa.

Parágrafo único. A falta de atendimento da exigência da autoridade, no prazo de 10 (dez) dias, que poderá ser convertido em horas em razão da maior ou menor complexidade da matéria ou da dificuldade quanto ao atendimento da exigência, caracteriza a infração prevista no inciso IV.

Art. 6º Constitui crime da mesma natureza:

I - vender ou oferecer à venda mercadoria, ou contratar ou oferecer serviço, por preço superior ao oficialmente tabelado, ao regime legal de controle;

II - aplicar fórmula de reajustamento de preços ou indexação de contrato proibida, ou diversa daquela que for legalmente estabelecida, ou fixada por autoridade competente;

III - exigir, cobrar ou receber qualquer vantagem ou importância adicional de preço tabelado, congelado, administrado, fixado ou controlado pelo Poder Público, inclusive por meio da adoção ou de aumento de taxa ou outro percentual, incidente sobre qualquer contratação. Pena - detenção, de 1 (um) a 4 (quatro) anos, ou multa.

Art. 7º Constitui crime contra as relações de consumo:

I - favorecer ou preferir, sem justa causa, comprador ou freguês, ressalvados os sistemas de entrega ao consumo por intermédio de distribuidores ou revendedores;

II - vender ou expor à venda mercadoria cuja embalagem, tipo, especificação, peso ou composição esteja em desacordo com as prescrições legais, ou que não corresponda à respectiva classificação oficial;

III - misturar gêneros e mercadorias de espécies diferentes, para vendê-los ou expô-los à venda como puros; misturar gêneros e mercadorias de qualidades desiguais para vendê-los ou expô-los à venda por preço estabelecido para os demais mais alto custo;

IV - fraudar preços por meio de:

a) alteração, sem modificação essencial ou de qualidade, de elementos tais como denominação, sinal externo, marca, embalagem, especificação técnica, descrição, volume, peso, pintura ou acabamento de bem ou serviço;

b) divisão em partes de bem ou serviço, habitualmente oferecido à venda em conjunto;

c) junção de bens ou serviços, comumente oferecidos à venda em separado;

d) aviso de inclusão de insumo não empregado na produção do bem ou na prestação dos serviços;

V - elevar o valor cobrado nas vendas a prazo de bens ou serviços, mediante a exigência de comissão ou de taxa de juros ilegais;

VI - sonegar insumos ou bens, recusando-se a vendê-los a quem pretenda comprá-los nas condições publicamente ofertadas, ou retê-los para o fim de especulação;

VII - induzir o consumidor ou usuário a erro, por via de indicação ou afirmação falsa ou enganosa sobre a natureza, qualidade do bem ou serviço, utilizando-se de qualquer meio, inclusive a veiculação ou divulgação publicitária;

VIII - destruir, inutilizar ou danificar matéria-prima ou mercadoria, com o fim de provocar alta de preço, em proveito próprio ou de terceiros;

IX - vender, ter em depósito para vender ou expor à venda ou, de qualquer forma, entregar matéria-prima ou mercadoria, em condições impróprias ao consumo;

Pena - detenção, de 2 (dois) a 5 (cinco) anos, ou multa.

Parágrafo único. Nas hipóteses dos incisos II, III e IX pune-se a modalidade culposa, reduzindo-se a pena e a detenção de 1/3 (um terço) ou a de multa à quinta parte.

CAPÍTULO III
Das Multas

Art. 8º Nos crimes definidos nos arts. 1º a 3º desta lei, a pena de multa será fixada entre 10 (dez) e 360 (trezentos e sessenta) dias-multa, conforme seja necessário e suficiente para reprovação e prevenção do crime.

Parágrafo único. O dia-multa será fixado pelo juiz em valor não inferior a 14 (quatorze) nem superior a 200 (duzentos) Bônus do Tesouro Nacional BTN.

Art. 9º A pena de detenção ou reclusão poderá ser convertida em multa de valor equivalente a:

I - 200.000 (duzentos mil) até 5.000.000 (cinco milhões) de BTN, nos crimes definidos no art. 4º;

II - 5.000 (cinco mil) até 200.000 (duzentos mil) BTN, nos crimes definidos nos arts. 5º e 6º;

III - 50.000 (cinqüenta mil) até 1.000.000 (um milhão de BTN) , nos crimes definidos no art. 7º.

Art. 10. Caso o juiz, considerado o ganho ilícito e a situação econômica do réu, verifique a insuficiência ou excessiva onerosidade das penas pecuniárias previstas nesta lei, poderá diminuí-las até a décima parte ou elevá-las ao décuplo.

CAPÍTULO IV
Das Disposições Gerais

Art. 11. Quem, de qualquer modo, inclusive por meio de pessoa jurídica, concorre para os crimes definidos nesta lei, incide nas penas a estes cominadas, na medida de sua culpabilidade.

Parágrafo único. Quando a venda ao consumidor for efetuada por sistema de entrega ao consumo ou por intermédio de outro em que o preço ao consumidor é estabelecido ou sugerido pelo fabricante ou concedente, o ato por este praticado não alcança o distribuidor ou revendedor.

Art. 12. São circunstâncias que podem agravar de 1/3 (um terço) até a metade as penas previstas nos arts. 1º, 2º e 4º a 7º:

I - ocasionar grave dano à coletividade;

II - ser o crime cometido por servidor público no exercício de suas funções;

III - ser o crime praticado em relação à prestação de serviços ou ao comércio de bens essenciais à vida ou à saúde.

Art. 13. (Vetado).

Art. 14. Extingue-se a punibilidade dos crimes definidos nos arts. 1º a 3º quando o agente promover o pagamento de tributo ou contribuição social, inclusive acessórios, antes do recebimento da denúncia.

Art. 15. Os crimes previstos nesta lei são de ação penal pública, aplicando-se-lhes o disposto no art. 100 do Decreto-Lei nº 2.848, de 7 de dezembro de 1940 - Código Penal.

Art. 16. Qualquer pessoa poderá provocar a iniciativa do Ministério Público nos crimes descritos nesta lei, fornecendo-lhe por escrito informações sobre o fato e a autoria, bem como indicando o tempo, o lugar e os elementos de convicção.

Art. 17. Compete ao Departamento Nacional de Abastecimento e Preços, quando e se necessário, providenciar a desapropriação de estoques, a fim de evitar crise no mercado ou colapso no abastecimento.

Art. 18. Fica acrescentado ao Capítulo III do Título II do Decreto-Lei nº 2.848, de 7 de dezembro de 1940 - Código Penal, um artigo com parágrafo único, após o art. 162, renumerando-se os subseqüentes, com a seguinte redação:

"Art. 163. Produzir ou explorar bens definidos como pertencentes à União, sem autorização legal ou em desacordo com as obrigações impostas pelo título autorizativo.

Pena - detenção, de 1 (um) a 4 (quatro) anos, e multa.

Parágrafo único. Incorre na mesma pena aquele que adquirir, transportar, industrializar, tiver consigo, consumir ou comercializar produtos ou matéria-prima, obtidos na forma prevista no *caput*."

Art. 19. O caput do art. 172 do Decreto-Lei nº 2.848, de 7 de dezembro de 1940 - Código Penal, passa a ter a seguinte redação:

"Art. 172. Emitir fatura, duplicata ou nota de venda que não corresponda à mercadoria vendida, em quantidade ou qualidade, ou ao serviço prestado.

Pena - detenção, de 2 (dois) a 4 (quatro) anos, e multa".

Art. 20. O § 1º do art. 316 do Decreto-Lei nº 2 848, de 7 de dezembro de 1940 Código Penal, passa a ter a seguinte redação:

"Art. 316 ...

§ 1º Se o funcionário exige tributo ou contribuição social que sabe ou deveria saber indevido, ou, quando devido, emprega na cobrança meio vexatório ou gravoso, que a lei não autoriza;

Pena - reclusão, de 3 (três) a 8 (oito) anos, e multa".

Art. 21. O art. 318 do Decreto-Lei nº 2.848, de 7 de dezembro de 1940 Código Penal, quanto à fixação da pena, passa a ter a seguinte redação:

"Art. 318 ...

Pena - reclusão, de 3 (três) a 8 (oito) anos, e multa".

Art. 22. Esta lei entra em vigor na data de sua publicação.

Art. 23. Revogam-se as disposições em contrário e, em especial, o art. 279 do Decreto-Lei nº 2.848, de 7 de dezembro de 1940 - Código Penal.

Brasília, 27 de dezembro de 1990; 169º da Independência e 102º da República.